Susan Buck-Morss

HEGEL E O HAITI

prefácio de VLADIMIR SAFATLE

tradução SEBASTIÃO NASCIMENTO

7 NOTA DA EDIÇÃO

9 PREFÁCIO, POR VLADIMIR SAFATLE

17 CADERNO DE IMAGENS

33 HEGEL E O HAITI

121 SOBRE A AUTORA

Nota da edição

Hegel e o Haiti foi publicado originalmente em *Critical Inquiry* v. 26, nº 4. Chicago: The University of Chicago Press, 2000, pp. 821-865. Uma versão expandida foi republicada em *Hegel, Haiti and Universal History*. Pittsburg: University of Pittsburg Press, 2009. A primeira tradução brasileira foi publicada na revista *Novos Estudos Cebrap*, nº 90. São Paulo: Cebrap, 2011 pp. 131-171. Disponível em <dx.doi.org/10.1590/S0101-33002011000200010>. Sempre que possível, buscamos dar as referências das edições brasileiras para as obras citadas. Para as citações de Hegel, Marcos Lutz Müller revisou e traduziu diretamente do alemão trechos inéditos em português, sendo que eventuais mudanças em traduções consagradas foram marcadas por [t.m.].

PREFÁCIO
por VLADIMIR SAFATLE

A descolonização da filosofia da história

Uma ausência assombra a filosofia política europeia. A ausência da escravidão. Foi a partir dela que Susan Buck-Morss compôs este *Hegel e o Haiti*. Em sua base está uma questão a respeito do momento em que a superação da escravidão se transformou, de fato, na condição de efetivação da liberdade. Este momento não está nos autores liberais, como Locke, e sua complacência com a escravidão devido à supremacia do direito de propriedade. Ele não se encontra sequer no iluminismo francês, tão combativo em vários campos mas capaz de se calar de forma quase absoluta a respeito do *Code Noir* e da escravidão nas colônias.

Todos esses casos demonstram como a razão moderna conhecerá claros limites geográficos e coloniais. Ela precisará operar com uma territorialidade implícita, como se fosse questão de suspender seu universalismo através do silêncio em relação aos casos mais inaceitáveis. Assim, Rousseau preferirá falar sobre os groenlandeses colonizados pelos dinamarqueses ou sobre as barbáries da história antiga a se debruçar de forma evidente sobre o destino dos negros escravizados. Como se fosse questão de não querer ver o que as promessas eurocêntricas de "civilização" produzem fora de seu território, de não ver como elas se invertem nas periferias quando entram em contato com outros povos.

Mas Buck-Morss não utiliza tal constatação para deplorar todo discurso universalista como simples máscara de interesses inconfessáveis de dominação e de opressão. Ela quer identificar o momento em que a escravidão aparece no coração da reflexão filosófica moderna para redimensionar esse discurso de emancipação — este momento não será outro que a constituição de uma teoria do reconhecimento na base da filosofia social. Ou seja, trata-se de voltar, mais uma vez, a uma das páginas mais comentadas da história da filosofia, a saber, a "dialética do senhor e do escravo" de Hegel.

A originalidade da leitura aqui proposta consiste em elevar um dos momentos fundamentais da transformação da filosofia da consciência em teoria do reconhecimento à condição de porta de entrada para o problema da escravidão na cena filosófica. Ou seja, se a fundamentação do sujeito deixa de seguir estratégias solipsistas para assumir sua condição de resultado de processos sociais de conflito, luta e reconhecimento, então devemos estar atentos para o tipo inicial de conflito e luta que permitem a compreensão da verdadeira extensão de tais processos.

Pois, para Hegel, escolher explicitamente o problema da escravidão não era apenas uma figura de linguagem. Buck-Morss nos lembra como o filósofo alemão acompanhava todos os passos da revolta dos escravos no Haiti a primeira revolta de massa a estabelecer um quadro civil geral de liberdade, o que a leva a defender que este seria um dos eixos maiores da constituição desta figura da consciência em *A fenomenologia do espírito*. Ou seja, o "escravo", aqui, embora tenha um papel genérico, é também uma figura concreta que procura responder a processos sociopolíticos decisivos no início do século XIX. Tal hipótese não é apenas resultado de uma arqueologia materialista que compreende o fazer filosófico como reflexão imediata sobre os impactos do presente. Ela é estratégia que visa a mostrar o que pode ser uma história mundial não mais dependente de um horizonte colonial.

Neste sentido, tudo se passa como se fosse questão de afirmar que a Revolução Francesa só se transforma em fato da história mundial quando ela é apropriada pelos escravos contra os próprios senhores, quando ela se volta contra os interesses imediatos dos próprios franceses. Sem essa inversão, ela seria apenas mais um momento de uma falsa universalidade. No entanto, esse movimento não é apenas a reversão da opressão a partir do sistema de ideias que o próprio opressor produz sem saber e sem ser capaz de realizar. Há algo a mais aqui. Tal reversão é ressonância geral de experiências de igualdade vindas de localidades dispersas.

Notemos como pensar o fundamento dos processos de reconhecimento a partir da superação da escravidão implica modificações maiores na própria metafísica naturalizada em certa forma hegemônica de pensar a emancipação. Pois se trata de lembrar que o que era "coisa", o que era "propriedade", transforma-se em agente, de modo que o que era mero objeto apareça agora como sujeito. Movimento este que modifica não apenas as "coisas", mas que destitui também aqueles que até então eram "sujeitos" apenas à força da exclusão e da expropriação.

Dessa forma, os verdadeiros processos de reconhecimento não serão recognições do que existia antes. Há uma diferença de natureza entre recognição e reconhecimento. Os verdadeiros processos de reconhecimento serão uma produção e uma metamorfose generalizada. Eles colocarão em mutação tanto quem é reconhecido quanto quem reconhece, fazendo emergir o que até agora não existia. Assim, o que Hegel nos mostra é que a liberdade conquistada pelo escravo não é sua elevação à condição de novo senhor, mas a abolição dos modos de relação até então vigentes, como as relações através da propriedade, como as relações a si através da individualidade de um conceito de pessoa incapaz de compreender a força dialética de suas implicações relacionais. O que a autolibertação do escravo produz é o desabamento de um mundo e a reconstituição dos modos gerais de existência e de sua gramática. Esta é a única condição para que um "Nós que é Eu e um Eu que é Nós" não seja uma simples impostura.

Ao final, Buck-Morss lembra como os textos do período berlinense de Hegel parecem regredir a uma posição menos "revolucionária", na qual uma filosofia que joga a África subsaariana na infância da história mostra toda sua extensão e seu flerte racista. Teriam pesado, entre outras coisas, as reflexões sobre os descaminhos da revolução haitiana. Mas haverá também o peso de uma concepção eurocêntrica do processo de desdobramento da história que não deixará de assombrar também Marx, haja vista suas colocações sobre a Guerra do Ópio e a colonização inglesa da Índia como condição para a quebra do torpor no qual tais sociedades se encontrariam.

No entanto, por mais que experiências intelectuais determinadas demonstrem seus limites, a emergência do problema da superação da escravidão no cerne da reflexão filosófica sobre a efetivação social da liberdade não deixará de impor seu caminho, abrindo o pensamento a uma descolonização lenta, porém irreversível. Caminho que permitirá o aparecimento de uma história mundial na qual a institucionalização da liberdade fornecerá um eixo de desenvolvimento em que não terá mais lugar a narrativa de uma extensão gradativa de ideias geradas no núcleo da sociedade burguesa, mas o entrar em constelação de experiências díspares que, ao se relacionarem, permitem a ressonância daquilo que pode abrir o campo para uma verdadeira universalidade.

O HAITI

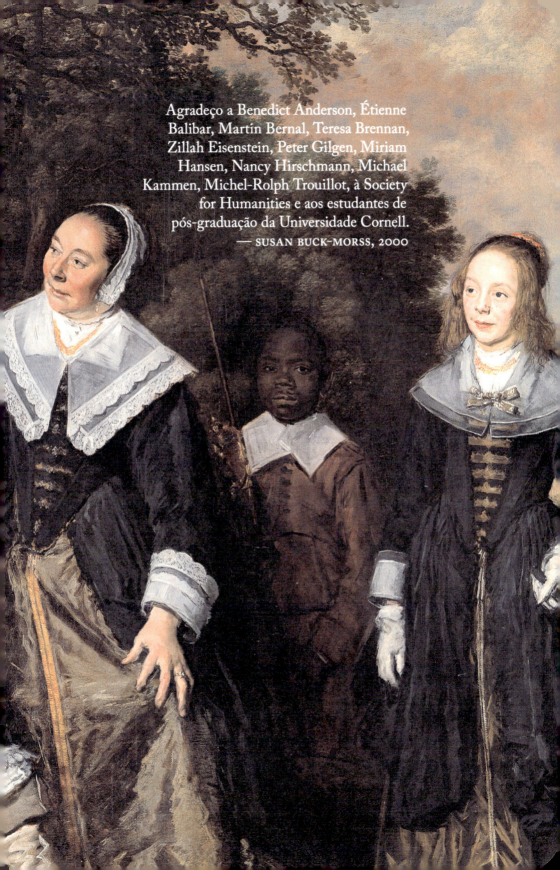

Agradeço a Benedict Anderson, Étienne Balibar, Martin Bernal, Teresa Brennan, Zillah Eisenstein, Peter Gilgen, Miriam Hansen, Nancy Hirschmann, Michael Kammen, Michel-Rolph Trouillot, à Society for Humanities e aos estudantes de pós-graduação da Universidade Cornell.
— SUSAN BUCK-MORSS, 2000

[figura 1] Frans Hals, *Grupo familiar diante de uma paisagem* (1645-1648). Museo Thyssen-Bornemisza, Madri.

[figura 3] Peter Lely, *Elizabeth, Condessa de Dysart* (c. 1650). Ham House, Surrey © NTPL/John Hammond. Escravos estavam na moda na Inglaterra do final do século XVII, acompanhando damas da aristocracia como animais de estimação.[1] Retratos pintados pelo holandês Anthony van Dyck e Peter Lely eram os protótipos de um novo gênero de pintura, representando jovens negros que ofereciam frutas e outros símbolos de riqueza das colônias a seus proprietários.[2]

1. "O *London Advertiser* de 1756 publicou um anúncio feito por Matthew Dyer, informando ao público que produzia 'cadeados de prata para negros ou cães, coleiras etc.' [...] Damas inglesas posavam para seus retratos com seu cordeiro de estimação, com seu cão de estimação ou então com seu negro de estimação" (D. Dabydeen, *Hogarth's Blacks: Images of Blacks in Eighteenth-Century English Art*. Manchester: Manchester University Pres, 1987, pp. 21-23).
2. A respeito da presença de escravos na Grã-Bretanha do século XVIII, ver também F. O. Shyllon, *Black slaves in Britain*. Oxford: Oxford University Press, 1974; e Peter Linebaugh, *The London Hanged: Crime and Civil Society in the Eighteenth Century*. Nova York: Verso, 1992.

[figura 4] Anthony van Dyck, *Henrietta de Lorraine* (1634). Kenwood House, Londres.

Minerva.

Ein Journal
historischen und politischen Inhalts.

Herausgegeben

von

J. W. v. Archenholz,
vormals Hauptmann in Königl. Preußischen
Diensten.

December. 1804.

— — — — — — — — To shew
the very age and body of the time,
its form and pressure.

Im Verlage des Herausgebers

und in Commission

bey B. G. Hoffmann in Hamburg.

[figura 6] Soneto de Wordsworth, *Morning Post*, 2 de fevereiro de 1803.

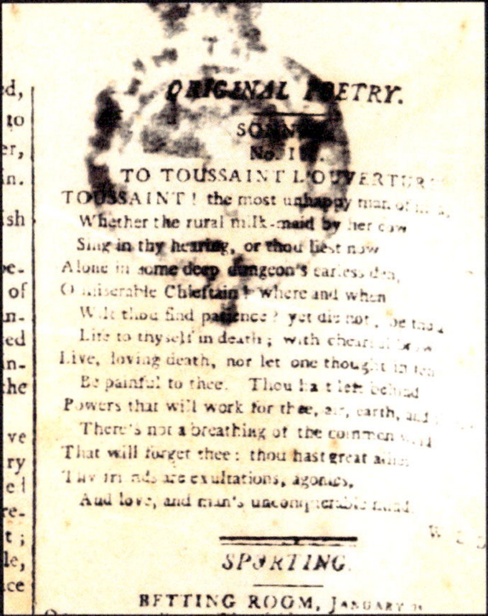

ORIGINAL POETRY.

SONNET.

TO TOUSSAINT L'OUVERTURE.

TOUSSAINT! the most unhappy man of men!
Whether the rural milk-maid by her cow
Sing in thy hearing, or thou liest now
Alone in some deep dungeon's earless den,
O miserable Chieftain! where and when
Wilt thou find patience? yet die not, be thou
Life to thyself in death; with cheerful brow
Live, loving death, nor let one thought in ten
Be painful to thee. Thou hast left behind
Powers that will work for thee, air, earth, and skies;
There's not a breathing of the common wind
That will forget thee: thou hast great allies;
Thy friends are exultations, agonies,
And love, and man's unconquerable mind.

W.

SPORTING.

BETTING ROOM, January

TOUSSAINT, the most unhappy man of men! / Whether the whistling Rustic tend his plough / Within thy hearing, or thy head be now / Pillowed in some deep dungeon's earless den; / O miserable Chieftain! where and when / Wilt thou find patience? Yet die not; do thou / Wear rather in thy bonds a cheerful brow: / Though fallen thyself, never to rise again, / Live, and take comfort. Thou hast left behind / Powers that will work for thee; air, earth, and skies; / There's not a breathing of the common wind / That will forget thee; thou hast great allies; / Thy friends are exultations, agonies, / And love, and man's unconquerable mind.

View of a Temple erected by the Blacks to commemorate their Emancip

[figura 8] Traje maçônico francês do final do século XVIII.

[figura 7] "Um templo erguido pelos negros para comemorar sua Emancipação" © John Carter Brown Library, Brown University, Providence. Ilustração para Marcus Rainsford, *An Historical Account of the Black Empire of Hayti* (1805). Gravura de J. Barlow, baseado no autor.[3]

3. Sobre o trabalho de Barlow para esse livro, ver Hugh Honour, *From the American Revolution to World War I*, v. 4 de Ladislas Bugner (org.), *The Image of the Black in Western Art*. Cambridge: Harvard University Press, 1989, p. 95.

[figura 9] Diagrama cosmológico, Maçonaria francesa, fim do século XVIII. Desenho esotérico por Jean-Baptiste Willermoz, Bibliothèque Nationale, Paris. Willermoz, um negociante lionês, chefiava a Ordem Templária chamada Observância Estrita, que tinha conexões com Bordeaux e era fortemente influenciada por Martinés de Pasqually, fundador da ordem Élus Coëns, uma maçonaria mística com o objetivo de remeter os seres humanos ao seu estado original antes da Queda Adâmica. Martinés, nascido em Grenoble, morreu em 1774, na ilha de Saint-Domingue. Ver Serge Hutin, *Les Francs-Maçons*. Paris: Éditions du Seuil, 1960, pp. 85-90.

[figura 10] Diagrama cosmológico, vodu haitiano, século XX. Pintura ritual no solo (*vèvè*) para deidades vodu, reunidas em torno de um eixo em cruz. Extraído de Leslie G. Desmangles, *The Faces of God: Vodou and Roman Catholicism in Haiti*. Chapel Hill: The University of North Carolina Press, 1992, p. 106. Os *vèvès*, traçados com substâncias pulverizadas em torno de uma coluna central no terreiro cerimonial vodu, "tomam sua estrutura emprestada a tradições Fon e Kongo de pintura do solo sagrado [...]. No processo, atributos católicos latinos, a espada de São Tiago Maior, os corações da Madre Dolorosa e *mesmo o compasso sobre o quadrado da Maçonaria* passaram a ser dispostos ao longo dos subjacentes eixos cruzados da maioria dos sinais *vèvè* no solo". Robert Farris Thompson, "The Flash of the Spirit: Haiti's Africanizing Vodun Art" in U. Stebich (org.), *Haitian Art*. Nova York: Brooklyn Museum, 1979, p. 33, grifos da autora.

[figura 12] Seneque Obin, *Haitian Lodge Number 6* (1960), retratando a águia bicéfala do *rite* écossais. Em 1801, o primeiro Conselho Supremo de 33 graus foi estabelecido em Charleston, Carolina do Sul, com irmãos americanos e franceses; um destes, o conde de Grasse-Tilly, "fundou um novo Conselho Supremo na ilha de Saint-Domingue". S. Hutin, *Les Francs-Maçons*. Paris: Éditions du Seuil, 1960, p. 103.

[figura 11] Ao lado Águia bicéfala coroada. Emblema do Conselho Supremo de 33 graus, a mais alta ordem do *rite* écossais [rito escocês], Maçonaria francesa, século XVIII. Bibliothèque Nationale, Paris.

[figuras 13 e 14] Águia bicéfala coroada, marca d'água sobre papel produzido por Johann Ephraim Stahl (negociante ativo desde 1799 em Blankenburg an der Schwarza, Turíngia) que foi usado por Hegel em Jena para o último terço do manuscrito de seu *System der Sittlichkeit* (1803); Hegel utilizou o mesmo papel Stahl em setembro e novembro de 1802 para registrar anotações sobre a política da época. Ver Eva Ziesche e Dierk Schnitger, *Der Handschriftliche Nachlass Georg Wilhelm Friedrich Hegels und die Hegel-Bestände der Staatsbibliothek zu Berlin Preussischer Kulturbesitz*. Wiesbaden: Harrassowitz, 1995, v. 1, pp. 91-92, v. 2, pp. 31-32, 86.

LE CODE NOIR
OU
EDIT DU ROY,
SERVANT DE REGLEMENT

POUR le Gouvernement & l'Administration de Justice & la Police des Isles Françoises de l'Amerique, & pour la Discipline & le Commerce des Negres & Esclaves dans ledit Pays.

Donné à Versailles au mois de Mars 1685.

AVEC

L'EDIT du mois d'Aoust 1685. portant établissement d'un Conseil Souverain & de quatre Sieges Royaux dans la Coste de l'Isle de S. Domingue.

A PARIS, AU PALAIS,
Chez CLAUDE GIRARD, dans la Grand'Salle, vis-à-vis la Grand'Chambre : Au Nom de JESUS.

M. DCC. XXXV.

[figura 15] Página de rosto do *Code Noir*
© John Carter Brown Library, Brown University, Providence.

1

No século XVIII, a escravidão havia se tornado a metáfora de base da filosofia política ocidental, conotando tudo o que havia de mau nas relações de poder.[1] A liberdade, seu conceito antítese, era considerada pelos pensadores iluministas como o valor político supremo e universal. Mas essa metáfora política começou a deitar raízes no exato momento em que a prática econômica da escravidão — a sistemática e altamente sofisticada escravização capitalista de *não* europeus como mão de obra nas colônias — se expandia quantitativamente e se intensificava qualitativamente, a ponto de, em meados do século XVIII, ter chegado a lastrear o sistema econômico do Ocidente como um todo, facilitando, de maneira paradoxal, a expansão ao redor do mundo dos próprios ideais do Iluminismo, que tão frontalmente a contradiziam.

Essa discrepância gritante entre pensamento e prática marcou o período de transformação do capitalismo global de sua forma mercantil para sua modalidade protoindustrial. Seria de se esperar, obviamente, que qualquer pensador racional e "esclarecido" pudesse

---

1. "Para os pensadores do século XVIII que abordaram a questão, a escravidão representava a metáfora central para todas as forças que aviltavam o espírito humano". David Brion Davis, *The Problem of Slavery in the Age of Revolution, 1770-1823*. Ithaca: Cornell University Press, 1975, p. 263.

percebê-la. Contudo, não foi o que aconteceu. A exploração de milhões de trabalhadores escravos coloniais era aceita com naturalidade pelos próprios pensadores que proclamavam a liberdade como o estado natural do homem e seu direito inalienável. Mesmo quando proclamações teóricas de liberdade se convertiam em ação revolucionária na esfera política, a economia colonial escravista que operava nos bastidores continuava nas sombras.

Se esse paradoxo não parecia incomodar a consciência lógica dos pensadores da época, talvez seja mais surpreendente que alguns autores da atualidade, mesmo diante dos fatos, ainda continuem a construir as histórias do mundo ocidental como narrativas coerentes sobre o progresso da liberdade humana. Mas nem sempre isso é feito de modo proposital. Quando histórias nacionais são concebidas de maneira independente, ou quando cada aspecto da história é tratado por uma disciplina específica, as evidências contrárias são marginalizadas como irrelevantes. Quanto maior a especialização do conhecimento, quanto mais avançado o nível de pesquisa, quanto mais longa e venerável a tradição intelectual, tanto mais fácil ignorar os fatos desviantes. Vale lembrar que a especialização e o isolamento representam um risco também para novas disciplinas, como os estudos afro-americanos, ou para novos campos, como os estudos diaspóricos, criados precisamente para remediar essa situação. Fronteiras disciplinares fazem com que as evidências contrárias passem a pertencer à história dos outros. Afinal de contas, um especialista não pode ser especialista em tudo. É razoável. Mas argumentos do tipo são uma forma de evitar uma incômoda verdade: caso certas constelações de fatos consigam penetrar fundo o bastante na consciência intelectual, ameaçarão não apenas as narrativas veneráveis, mas também as entrincheiradas disciplinas acadêmicas que as (re)produzem. Por exemplo, não há lugar na universidade que possa abrigar uma certa constelação de pesquisa que una "Hegel e o Haiti" — e esse é o tema que me interessa aqui, mas seguirei um caminho sinuoso para chegar até ele. Peço que me desculpem, mas é esse aparente desvio que constitui a argumentação propriamente dita.

2

O paradoxo entre o discurso da liberdade e a prática da escravidão marcou a ascensão de uma série de nações ocidentais no seio da nascente economia mundial moderna. Os holandeses podem ser considerados os pioneiros. Sua "era de ouro", de meados do século XVI a meados do século XVII, foi possibilitada pelo controle global que exerciam sobre o tráfico mercantil, incluindo-se aí, como componente fundamental, o comércio de escravos. Mas se conferirmos o trabalho do mais formidável entre seus historiadores modernos, Simon Schama, cuja densa descrição da época de ouro da cultura holandesa se tornou, desde sua publicação em 1987, um modelo no campo da história cultural, haverá uma surpresa à nossa espera. É impressionante que os temas da escravidão, do tráfico de escravos e da mão de obra escrava jamais sejam discutidos na obra de Schama, *O desconforto da riqueza*, um relato de mais de seiscentas páginas sobre como a nova república holandesa, ao desenvolver sua própria cultura nacional, aprendeu a ser ao mesmo tempo rica e benévola.[1] Seria difícil depreender dali que a hegemonia holandesa no tráfico

---

1. Ver Simon Schama, *O desconforto da riqueza: a cultura holandesa na época de ouro*, trad. bras. de Hildegard Feist. São Paulo: Companhia das Letras, 2009. A questão que se colocava para essa nação recém-afluente era "como criar uma ordem moral *dentro* de um paraíso terrestre" (p. 131).

de escravos (substituindo Espanha e Portugal entre as maiores potências escravistas)[2] tivesse contribuído de maneira substancial para o imenso "excesso" de riqueza que Schama descreve como algo que se tornou social e moralmente problemático ao longo do século em que a Holanda ocupou o centro do "mapa-múndi" e que suas frotas "cobriam a superfície do mundo conhecido".[3] Ainda assim, o historiador descreve de modo exaustivo o fato de que a metáfora da escravidão, adaptada ao contexto moderno a partir da narrativa do Antigo Testamento sobre a fuga dos israelitas do Egito, havia sido crucial para a autocompreensão dos holandeses ao longo de sua luta pela independência contra a "tirania" espanhola que os "escravizava" (1570–1609) — e, portanto, para as origens da moderna nação holandesa.[4] Schama claramente reconhece a

2. O *asiento* espanhol assegurava a empreendedores individuais o privilégio exclusivo de abastecer a América Espanhola com escravos africanos, mas os próprios espanhóis controlavam apenas timidamente o tráfico. Entrepostos do tráfico escravista na costa africana também içavam bandeiras de Portugal, Países Baixos, França, Grã-Bretanha, Dinamarca e Brandenburgo. A marinha mercante holandesa dominava o comércio marítimo entre os países do Atlântico Norte, transportando os bens de outras nações, e também participava do tráfico de escravos baseado no *asiento*.

3. S. Schama, op. cit., p. 225. Minha leitura revelou apenas duas menções à escravidão real: numa discussão sobre os hábitos comensais holandeses, tratando de uma aversão ao *"mengelmoes"* (ragu), que não passava de um "pábulo sob forma de sopa", "papa de escravos e bebês" (p. 180), e na menção ao fato de que a Companhia Holandesa das Índias Ocidentais fora "obrigada a gastar mais de um milhão de florins por ano para defender suas bases em Pernambuco e lucrara apenas 400 mil florins com o comércio de escravos, açúcar e pau-brasil" (p. 252).

4. A "epopeia do Êxodo tornou-se para os holandeses o que havia sido para os judeus bíblicos: a legitimação de grande ruptura histórica, um corte com o passado que possibilitara a invenção retroativa de uma identidade coletiva" (ibid., p. 120). O rei Filipe II da Espanha era comparado ao faraó que reinava sobre o cativeiro egípcio: "Um subjugou com a escravidão a casa de Jacó [os

contradição mais evidente: o fato de que os holandeses da época discriminavam os judeus.[5] Ele chega a incluir um capítulo inteiro para discutir a estigmatização e a perseguição de uma longa lista de "forasteiros" que, diante da obsessão psicológica dos holandeses por purificação, precisavam ser extirpados do corpo social: homossexuais, judeus, ciganos, ociosos, vagabundos, prostitutas — sem que nada, porém, seja dito sobre os escravos africanos.[6]

Schama mostra-se francamente farto das histórias econômicas marxistas que tratam os holandeses *apenas* como uma potência capitalista mercantil,[7] preferindo dedicar seu projeto à reconstrução

---

israelitas]/O outro oprimiu com tirania os Países Baixos" (p. 112). A referência holandesa à virulenta condenação do missionário católico Bartolomeu de Las Casas, dirigida aos "crimes" espanhóis da escravidão nas colônias, é mencionada por Schama, ao mesmo tempo que a prática neerlandesa da escravidão não o é (p. 92).

5. "Paradoxalmente, o gosto da Igreja em definir seu rebanho como hebreus renascidos não a predispunha a ver com bons olhos os judeus reais" (ibid., p. 580).

6. Ibid., pp. 555-596. Schama descreve as conexões feitas pelos holandeses entre não europeus e os excessos do consumo de tabaco, da sexualidade e outras depravações que ameaçavam contaminar os lares holandeses: "As antologias habituais de textos e imagens sobre a barbárie nativa no Brasil e na Flórida, por exemplo, apresentavam índios a fumar enquanto atos de cópula, canibalismo, urinação pública e outras bestialidades ocorriam ao fundo" (ibid., pp. 206-207).

7. Schama se satisfaz em registrar, sem qualquer comentário crítico, a fantasia mágica de Thomas Mun, segundo a qual, no capitalismo, dinheiro gera dinheiro, como algo que influenciaria os holandeses que investiga: "O capital gerava capital com surpreendente facilidade; e, longe de recusar seus frutos, os capitalistas se regalavam com os confortos materiais que o dinheiro podia comprar. Em meados do século, parecia não haver limite, e por certo não havia limites geográficos, para o alcance de suas frotas e a criatividade de seus empresários. Nem bem determinada procura se saciava ou se exauria, já se descobria outra promissora matéria-prima, e a oferta era monopolizada, a procura estimulada, os mercados explorados no país

da causalidade cultural. Em sua obra, o historiador examina como as inquietações decorrentes da "abundância material" despertaram no holandês moderno o temor de um tipo diferente de escravidão — a "escravização ao luxo" que ameaçava o "livre arbítrio", o medo de que a avareza do consumo pudesse "transformar almas livres em escravos bajuladore".[8] Schama também coloca a família como o coração da "neerlandidade" [*Dutchness*, o caráter nacional holandês], e não o comércio mundial, permitindo que seus leitores adentrem a vida privada, doméstica, e vislumbrem casas e lares, mesas fartas e afetos íntimos, na época em que "*ser* holandês significava ser bairrista, provinciano, tradicional e comum".[9] Estaríamos quase dispostos a perdoá-lo, não fosse pelo fato de que os escravos tampouco eram estranhos ao ambiente doméstico holandês. Seria o silêncio de Schama um eco do silêncio de suas fontes? Eu não saberia dizer.[10] Mas a cultura visual holandesa oferece prova evidente de uma realidade distinta. Uma pintura de Frans Hals de 1648 retrata exatamente no centro da tela a figura de um jovem negro, provavelmente um escravo, como parte da vida doméstica, visível no seio de uma abastada e afetuosa família holandesa em meio a uma acanhada e paroquial paisagem holandesa [figura 1]. No livro de Schama, ricamente ilustrado, essa pintura de Hals não aparece (apesar de ter sido incluída outra obra do pintor, representando marido e esposa holandeses sozinhos em meio a uma paisagem [figura 2]). Tampouco

---

e no exterior. A maré de prosperidade baixaria um dia" (ibid., p. 324).

8 Ibid., pp. 56 e 332.

9 Ibid, p. 71.

10 Grotius certamente discutiu a escravidão real. Mas Grotius (ver cap. 3 nota 3) é citado por Schama apenas em outros contextos (guerras justas, livre comércio, destino holandês, matrimônio, baleias). Não é de todo infundado suspeitar que o silêncio de Schama seja mesmo inteiramente seu. Tais histórias nacionais seletivas se tornaram moda na historiografia europeia, omitindo grande parte da história da colonização, se não toda ela.

há quaisquer outras imagens de negros.[11] Obviamente, em vista da ausência de escravos no escrito de Schama, eles pareceriam deslocados se aparecessem nas ilustrações. A consequência desse tipo de trabalho acadêmico é uma cegueira parcial em meio a oceanos de perspicácia, e isso, como veremos, é típico da literatura acadêmica ocidental.

---

11 A despeito disso, ver Allison Blakely, *Blacks in the Dutch World: The Evolution of Racial Imagery in a Modern Society* [Bloomington / Indianapolis: Indiana University Press, 1993], que oferece evidências visuais da presença de negros nos Países Baixos dessa época.

A partir de 1651, a Grã-Bretanha passou a desafiar os holandeses numa série de guerras navais que resultaram no domínio britânico não apenas da Europa, mas de toda a economia global, incluindo o tráfico de escravos.[1] Naquele momento, a revolução cromwelliana contra a monarquia absolutista e o privilégio feudal seguiu o precedente holandês, fazendo uso metafórico da história dos israelitas do Antigo Testamento sendo libertos da escravidão. Mas, no campo da teoria política, estava em curso uma rejeição das antigas escrituras. Aqui, a figura central é Thomas Hobbes. Apesar de *Leviatã* (1651) ser um híbrido de figurações modernas e bíblicas, a escravidão é ali discutida em termos bastante seculares.[2] Vista como consequência da guerra de todos contra todos no

---

1 A Grã-Bretanha arrancou à Espanha o *asiento* no Tratado de Utrecht (1713). "Muito da riqueza de Bristol e Liverpool nas décadas seguintes foi construída sobre a base do tráfico de escravos" (R. R. Palmer e Joel Colton, *A History of the Modern World*. Nova York: Knopf, 1969, p. 171).

2 Se os exemplos retóricos de Hobbes se apoiam na maquinaria como uma metáfora para o Estado artificialmente construído, o Antigo Testamento provê o título para o *Leviatã*, assim como para seu livro sobre o Parlamento Longo, *Behemoth*, o nome bíblico usado para se referir a um soberano tirânico, que já vinha sendo utilizado na narrativa nacional holandesa: "Os reis da Espanha em cujo nome se cometiam tais infâmias [praticadas contra as

estado de natureza, Hobbes a vê como uma inclinação natural do homem.[3] Envolvido por meio de seu patrono, Lorde Cavendish, com negócios da Companhia da Virgínia — que administrava uma colônia na América —, Hobbes aceitava a escravidão como "parte inalienável da lógica de poder".[4] Para ele, mesmo os habitantes de "nações civilizadas e florescentes" poderiam retornar a esse estado.[5] Hobbes encarava a escravidão com honestidade e sem conflitos — diferente de John Locke. A sentença inicial do primeiro capítulo do Livro I de sua obra *Dois tratados sobre o Governo* (1690) declara inequivocamente: "A escravidão é uma condição humana tão vil e deplorável, tão diretamente oposta ao temperamento generoso e à coragem de nossa Nação, que é difícil conceber que um *inglês*, muito menos um fidalgo, tomasse a sua defesa."[6]

---

populações civis neerlandesas], [...] passaram a ser vistos como Behemoth, empenhado em em destruir os laços que uniam comunidades e até famílias" (Schama, op. cit., p. 99).

3   Hobbes considerava a "luta elementar entre dois inimigos" como "a condição natural que tornou a escravidão necessária como uma instituição social" (David Brion Davis, O *problema da escravidão na cultura ocidental*, trad. bras. de Wanda Caldeira Brant. Rio de Janeiro: Civilização Brasileira, 2001 p. 142). Aqui, Hobbes seguiu os passos de outros teóricos, Samuel Pufendorf e Hugo Grotius, cujo livro, *O direito da guerra e da paz* (1625), incluía opiniões favoráveis à escravidão e argumentos de que se tratava de algo juridicamente aceitável.

4   D. B. Davis, *The Problem of Slavery* op. cit., p. 263.

5   Peter Hulme, "The Spontaneous Hand of Nature: Savagery, Colonialism, and the Enlightenment", in Peter Hulme e Ludmilla Jordanova (org.), *The Enlightenment and Its Shadows*. Londres: Routledge, 1990, p. 24. Hulme se mostra interessado sobretudo na maneira como Hobbes caracteriza os "selvagens" indígenas das colônias.

6   John Locke, *Dois tratados sobre o governo*, trad. bras. de Julio Fischer. São Paulo: Martins Fontes, 1998. p. 203.

Mas a indignação de Locke contra "os grilhões para a humanidade inteira" não era um protesto contra a escravização de africanos negros em plantações do Novo Mundo, muito menos em colônias britânicas. Pelo contrário, a escravidão, nesse caso, era uma metáfora para a tirania jurídica, conforme o uso corrente nos debates parlamentares britânicos sobre teoria constitucional. Como acionista da Companhia Real Africana, envolvida na política colonial americana na Província de Carolina, Locke "certamente, considerou a escravidão do negro uma instituição justificável".[7] Isolar o discurso político do contrato social da economia de produção doméstica (*oikos*) tornou possível essa dupla visão.[8] A liberdade britânica significava a proteção da propriedade privada, e os escravos eram propriedade privada. Enquanto os escravos se situassem no âmbito de autoridade doméstica, sua condição era protegida pela lei.[9] [figuras 3 e 4]

[7] D. B. Davis, *O problema da escravidão na cultura ocidental* op. cit., p. 140. Locke estava envolvido no desenvolvimento das políticas coloniais por meio de seu patrono, o Conde de Shaftesbury, e era um ferrenho defensor de seu empreendimento. Foi autor das Constituições Fundamentais da Carolina e membro de seu Conselho de Comércio e Plantações, tendo sido seu secretário entre 1673 e 1675. As constituições da Carolina proclamavam: "todo homem livre da Carolina deverá ter poder e autoridade absoluta sobre seus escravos negros" (ibid.).

[8] "Pois, do ponto de vista de Locke, a origem da escravidão, assim como a origem da liberdade e da propriedade, estavam inteiramente fora do contrato social" (ibid., p. 141). O argumento filosófico de Locke temperava a universalidade da igualdade no estado de natureza com a necessidade do consentimento antes que o contrato social pudesse ser estabelecido, excluindo explicitamente do contrato, portanto, crianças, idiotas e, por extensão interpretativa, outros que fossem incultos ou incultiváveis. Ver Uday S. Mehta, "Liberal Strategies of Exclusion" in *Politics and Society*, vol. 18, nº 4. Suécia: Örebro University, 1990, pp. 427-453.

[9] Davis destaca "o fato infeliz de que escravos fossem definidos pela lei como propriedade, e que a propriedade fosse considerada como fundamento da

liberdade" (*The Problem of Slavery* op. cit., p. 267). Foi somente "após a decisão de Somerset de 1772" que "deixou de ser possível considerar irrefutável a legalidade da propriedade de escravos" (ibid., p. 470), apesar de William Davy, o advogado do caso, ter argumentado que havia um precedente: "No décimo primeiro ano do reinado de Elizabeth, sustentava Davy, havia sido decidido que '*a Inglaterra tinha um ar demasiado puro para que escravos o aspirassem*'". Não era bem assim, afirma Davis: "Na verdade, escravos negros eram comprados e apresentados na corte de Elizabeth e de seus sucessores da dinastia Stuart; sua venda era anunciada publicamente ao longo da maior parte do século XVIII; e eram legados em testamentos até a década de 1820" (ibid., p. 472). Quando em 1765 William Blackstone proclamou que, "a partir do momento em que seus pés toquem o solo da Inglaterra, um escravo ou negro cairá sob a proteção das leis que regem todos os direitos naturais, tornando-se *eo instanti* um homem livre", isso não se aplicava aos escravos nas colônias. "Mesmo o advogado de Somerset reconhecia que as cortes inglesas teriam de reconhecer a validade de um contrato de aquisição de escravos firmado no exterior" (ibid., pp. 473-474).

Meio século depois, o entendimento clássico da economia — e, portanto, da propriedade escravista — como uma questão privada e doméstica foi frontalmente desmentido pelas novas circunstâncias globais. O açúcar transformou as plantações coloniais das Índias Ocidentais. Intensiva tanto em capital quanto em trabalho, a produção de açúcar era protoindustrial, causando uma alta vertiginosa na importação de escravos africanos e uma intensificação brutal da exploração de sua mão de obra para fazer frente a uma nova e aparentemente insaciável demanda europeia pela doçura viciante do açúcar.[1] Na dianteira da impetuosa expansão do açúcar em todo o Caribe estava a colônia francesa de Saint-Domingue, que em 1767 produziu 63 mil toneladas de açúcar.[2] A produção de açúcar levou igualmente a uma demanda aparentemente infinita por escravos, cujo número em Saint-Domingue aumentou dez vezes ao longo do século XVIII, para mais de 500 mil seres humanos. Na França, mais de 20% da burguesia dependia de atividades comerciais ligadas à

---

1 Ver Sidney W. Mintz, *Sweetness and Power: The Place of Sugar in Modern History*. Nova York: Viking Penguin 1985.
2 Ver Ralph Davis, *The Rise of the Atlantic Economies*. Ithaca: Cornell University Press, 1973, p. 257.

exploração de mão de obra escrava.[3] Era em meio a essa transformação que escreviam os pensadores do iluminismo francês. Enquanto idealizavam populações coloniais com mitos do bom selvagem (os "índios" do "Novo Mundo"), o sangue vital da economia escravista não lhes importava.[4] A despeito de existirem movimentos abolicionistas na época e associações — como a francesa *Amis des Noirs* [amigos dos negros] — que denunciavam os excessos da escravidão, uma defesa da liberdade com base na igualdade racial era algo genuinamente raro.[5]

3   Louis Sala-Molins afirma que um terço da atividade comercial na França dependia da instituição da escravidão; ver L. Sala-Molins, *Le Code Noir, ou le calvaire de Canaan*. Paris: PUF, 1987, p. 244. Estimativas mais conservadoras situam a proporção em torno de 20%.

4   Foi Montesquieu quem introduziu a escravidão nos debates iluministas, definindo seu tom. Ao mesmo tempo que condenava filosoficamente a instituição, justificava a escravidão "negra" em termos pragmáticos, climáticos e explicitamente racistas ("narizes achatados", "pretos da cabeça aos pés" e desprovidos de "bom senso"). Concluía: "Espíritos débeis exageram demasiado a injustiça feita aos africanos" pela escravidão colonial (Montesquieu, *The Spirit of the Laws*, in *Selected Political Writings* (traduzido e editado por Melvin Richter), Indianápolis, 1990, p. 204.

5   A exceção mais frequentemente citada é a obra de um sacerdote, o abade Raynal, cujo livro *Histoire philosophique et politique des établissements et du commerce des Européens dans les deux Indes*, escrito em 1770 em colaboração com Diderot, prenunciava um Espártaco negro, que surgiria no Novo Mundo e vingaria as violações contra os direitos naturais. O livro foi lido amplamente não apenas na Europa; o próprio Toussaint Louveture foi inspirado por ele. Ver C. L. R. James, *Os jacobinos negros: Toussaint L'Ouverture e a revolução de São Domingos*, trad. bras. de Afonso Teixeira Filho. São Paulo: Boitempo, 2000. Michel-Rolph Trouillot já advertiu, porém, contra uma leitura muito entusiasta dessa passagem, que deve ser vista antes como uma advertência dirigida aos europeus do que como uma conclamação voltada aos próprios escravos: "não fora uma premonição clara de um personagem da estirpe de Louverture, como muitos gostariam que fosse [...] a postura mais radical está na referência inegável à unidade da espécie humana" (M.-R. Trouillot,

"O homem nasceu livre, e em toda parte vive acorrentado", escreveu Rousseau nas primeiras linhas de seu *Do contrato social*, publicado pela primeira vez em 1762.[6] Nenhuma condição humana lhe parece mais ofensiva ao coração ou à alma do que a escravidão. E mesmo Rousseau, santo padroeiro da Revolução Francesa, enquanto condena incansavelmente a instituição, reprime da consciência os milhões de escravos de fato existentes sob o jugo de senhores europeus. A patente omissão de Rousseau foi exposta pela literatura especializada, mas apenas recentemente. O filósofo catalão Louis Sala-Molins escreveu em 1987 uma história do Iluminismo através das lentes do *Code Noir*, o código legislativo francês que se aplicava aos escravos negros nas colônias, elaborado em 1685 e sancionado por Luís XIV, tendo sido erradicado definitivamente somente em 1848. Sala-Molins analisa de maneira minuciosa o Código, que legalizou não apenas a escravidão, o tratamento de seres humanos como propriedade móvel, mas também a marcação a ferro, a tortura, a mutilação física e o assassinato de escravos que procurassem questionar sua condição desumana. Ele justapõe esse código, que se aplicava a todos os escravos sob jurisdição francesa, aos textos dos filósofos iluministas franceses, documentando sua indignação quanto à escravidão na teoria, ao mesmo tempo que ignoravam "formidavelmente" a escravidão na prática. Sala-Molins se escandaliza — e com razão. No *Contrato social*, Rousseau argumenta: "o direito do escravo é nulo, não só porque é ilegítimo, mas porque é absurdo e não significa nada. As palavras *escravidão* e *direito* são contraditórias, excluem-se mutuamente."[7] Sala-Molins nos faz ver as consequências dessas afirmações: "O *Code Noir*, o mais perfeito exemplo desse tipo de

---

Silenciando o passado: poder e a produção da história, trad. bras. de Sebastião Nascimento. Curitiba: Huya 2016, p. 140).

6   Jean-Jacques Rousseau, *Do contrato social*, trad. bras. de Eduardo Brandão. São Paulo: Companhia das Letras, 2011, p. 55.

7   Ibid., p. 63.

documento na época de Rousseau, não é um diploma legal. A legalidade da qual trata não pode ser legal, por pretender tornar legal algo que não pode ser legalizado, a escravidão".[8] Ele considera, pois, inaceitável que Rousseau jamais tenha mencionado o *Code Noir* em seus escritos. "O único caso palpável e flagrante daquilo que ele declara ser categoricamente insustentável não recebe atenção nenhuma de sua parte."[9] Sala-Molins esmiúça os textos em busca de qualquer evidência que possa justificar o silêncio e constata inequivocamente que Rousseau conhecia os fatos. O filósofo iluminista citou relatos de viajantes da época — Kolben, sobre os hotentotes, e du Tertre, sobre os indígenas das Antilhas —, mas evitava aquelas páginas desses mesmos relatos que descreviam explicitamente os horrores da escravidão europeia. Rousseau se referia aos seres humanos de todas as partes, mas omitia os africanos; falava dos groenlandeses transportados à Dinamarca que morriam de tristeza, mas não da tristeza dos africanos transportados às Índias, que resultava em suicídios, motins e fugas. Declarava todos os homens iguais e via a propriedade privada como a origem da desigualdade, mas jamais somava dois mais dois para discutir a escravidão francesa com fins lucrativos como algo central para as discussões tanto sobre a igualdade como sobre a propriedade.[10] Tanto na república holandesa quanto na Grã-Bretanha, escravos africanos estavam presentes e eram usados e abusados domesticamente, como também o eram na França.[11] Na

---

8 Sala-Molins, *Le Code Noir* op. cit., p. 238.

9 Ibid., p. 241. Em lugar disso, os exemplos de Rousseau vêm da antiguidade, como quando menciona Brásidas de Esparta se contrapondo ao sátrapa de Persépolis! Ver Rousseau, *Discurso sobre a origem e os fundamentos da desigualdade entre os homens*, trad. bras. de Maria Ermantina Galvão. São Paulo: Martins Fontes, 1999, p. 226.

10 Cf. Sala-Molins *Le Code Noir* op. cit., pp. 243-246.

11 Ver William B. Cohen, *The French Encounter with Africans: White Response to Blacks, 1530-1880*. Bloomington: Indiana University Press, 1980. Em 1764, o

verdade, era impossível que Rousseau *não* soubesse "que há alcovas em Paris onde é possível se divertir sem peias com um macaco e com um jovem garoto negro [*négrillon*]".[12]

Sala-Molins condena como "racista" e "revoltante" o silêncio de Rousseau diante dessas evidências.[13] Tamanha indignação é incomum entre autores que, como profissionais, são treinados para evitar juízos passionais em seus escritos. Tal neutralidade moral é inerente aos métodos disciplinares, que, a despeito de se basearem numa variedade de premissas filosóficas, acabam por resultar nas mesmas exclusões. O historiador intelectual de nossos dias que procure abordar Rousseau em seu contexto seguirá as boas maneiras do ofício e relativizará a situação, julgando (e perdoando) seu racismo com base no espírito do tempo, na tentativa de evitar assim a falácia do anacronismo. Ou então o filósofo de nossos dias, treinado para analisar a teoria em total abstração do contexto histórico, atribuirá aos escritos de Rousseau uma universalidade que transcende a própria intenção ou as limitações do autor, no esforço de evitar assim a falácia da *reductio ad hominem*. Em ambos os casos, permite-se que os fatos incômodos desapareçam furtivamente. Eles se mantêm visíveis, contudo, nas histórias gerais da época, nas quais não podem deixar de ser mencionados pois, toda vez que a teoria iluminista era colocada em prática, os promotores das revoluções políticas acabavam tropeçando no fato econômico da escravidão, de modo que se tornava impossível que eles próprios

---

governo francês proibiu a entrada de negros na metrópole. Em 1777, a lei foi modificada para suspender algumas das restrições, permitindo que escravos coloniais acompanhassem seus senhores.

12   Sala-Molins *Le Code Noir* op. cit., p. 248.

13   Ibid., p. 253. Autor também de *L'Afrique aux Amériques: Le Code Noir espagnol* (Paris: PUF, 1992), Sala-Molins considera os protestos contra a escravidão feitos pelo sacerdote seiscentista Las Casas, que defendeu sua abolição imediata, mais progressistas que os dos *philosophes*.

5

Os revolucionários coloniais da América que lutavam contra a Grã-Bretanha pela independência mobilizaram o discurso político de Locke para seus fins. A metáfora da escravidão foi crucial para a luta, mas num novo sentido: "Os americanos realmente acreditavam que homens tributados sem consentimento eram literalmente escravos, uma vez que teriam perdido o poder de resistir à opressão, e que essa incapacidade de se defender invariavelmente conduz à tirania."[1] Ao evocar as liberdades da teoria dos direitos naturais, os colonos americanos, enquanto senhores de escravos, eram levados a uma "monstruosa incoerência".[2] Ainda assim, apesar de alguns, como Benjamin Rush, terem admitido sua má-fé,[3] e outros, como Thomas Jefferson, terem posto a culpa pela

---

1 Davis *The Problem of Slavery* op. cit., p. 273. Davis cita Bernard Bailyn nessa passagem. Sigo de perto a apresentação de Davis aqui.

2 Winthrop D. Jordan, *White over Black: American Attitudes toward the Negro, 1550-1812*. Chapel Hill: Omohundro, 1968, p. 289. Seus inimigos, os *tories* britânicos, aproveitaram-se disso: "Samuel Johnson perguntou: 'como é que ouvimos os mais altos *gritos* de liberdade entre os dirigentes negros?'" (Davis, *O problema da escravidão na cultura ocidental* op. cit., p. 19).

3 "A árvore da liberdade é de natureza tão tenra que não será capaz de vingar nos arredores da escravidão" (Benjamin Rush [1773], citado em Davis *The Problem of Slavery* op. cit., p. 283).

escravidão negra[4] nos britânicos; e apesar de os próprios escravos terem apresentado demandas públicas por sua libertação[5] e de alguns estados isolados terem aprovado legislação antiescravagista,[6] a nova nação, concebida em liberdade, tolerava a "monstruosa incoerência", inscrevendo a escravidão na Constituição dos Estados Unidos da América.

O enciclopedista francês Denis Diderot falava com admiração dos revolucionários estadunidenses, como cidadãos que haviam

---

4 "Numa das cláusulas suprimidas da Declaração de Independência, Thomas Jefferson acusava o rei britânico Jorge III de haver declarado uma guerra cruel contra a própria natureza humana, violando os mais sagrados direitos à vida e à liberdade encarnados numa gente distante, que jamais o havia ofendido, capturando-os e arrastando-os em cativeiro a outro hemisfério [...] decidido a manter aberto o mercado em que HOMENS seriam comprados e vendidos [...]. Ele agora provoca essa mesma gente a levantarem suas armas contra nós e a comprarem, com o assassinato das pessoas sobre quem *ele* os forçou, a mesma liberdade da qual *ele* os havia privado, quitando assim crimes anteriores cometidos contra as *liberdades* de um povo com crimes que ele os conclama a cometer contra as *vidas* de outro" (Ibid., p. 273).

5 "Temos em comum com todos os outros homens [...] um direito natural a nossas liberdades, sem que sejamos delas privados por outros homens, pois nascemos como um povo livre e jamais declinamos dessa benção por meio de qualquer pacto ou acordo" (Ibid., p. 276).

6 Se a Revolução Americana não pôde resolver o problema da escravidão, ela ao menos levou à *percepção* do problema. Tampouco o desejo de coerência consistia em retórica vazia. A questão surgiu nas resoluções antiescravagistas dos conselhos municipais da Nova Inglaterra, na constituição de Vermont, de 1777, em testamentos individuais que alforriavam escravos, na lei de Rhode Island, de 1774, que proibia a futura importação de escravos, e no ato de emancipação gradual da Pensilvânia, de 1780, adotado, de acordo com um preâmbulo escrito por Thomas Paine, "em grata celebração à nossa afortunada libertação" da ocupação britânica (Ibid., pp. 285-286).

"rompido suas cadeias" e "rejeitado a escravidão".[7] Mas se a natureza colonial da luta pela liberdade nos Estados Unidos permitiu de algum modo sustentar a distinção entre o discurso político e as instituições sociais, no caso da Revolução Francesa, uma década mais tarde, os vários sentidos da escravidão se tornaram inescapavelmente emaranhados ao serem confrontados às contradições fundamentais entre os eventos revolucionários na França e o que ocorria nas colônias francesas. Foram necessários anos de derramamento de sangue antes que a escravidão — não apenas sua análoga metafórica, mas a escravidão real — fosse abolida nas colônias francesas, e mesmo aí os ganhos foram apenas temporários. Apesar de a abolição da escravatura ser a única consequência logicamente possível da ideia de liberdade universal, ela não se realizou por meio das ideias, nem mesmo pelas ações revolucionárias dos franceses, mas sim graças às ações dos próprios escravos. O epicentro dessa luta foi a colônia de Saint-Domingue. Em 1791, enquanto os mais ardentes opositores da escravidão na França esperavam passivamente por mudanças, o meio milhão de escravos em Saint-Domingue — a mais rica colônia não somente da França, mas de todo

---

7   Trouillot, *Silenciando o passado* op. cit., p. 142. A *Enciclopédia*, editada por Diderot e D'Alembert, incluía verbetes relativos à escravidão real. Apesar de o artigo intitulado *"Nègres"* ter simplesmente mencionado que seu trabalho era "indispensável para o cultivo do açúcar, do tabaco, do índigo etc.", uma série de verbetes escritos por Jaucourt foi mais incisiva: *"Esclavage"* declarava ser a escravidão contrária à natureza; *"Liberté naturelle"* acusava a religião de criar pretextos contra o direito natural por conta da demanda de escravos nas colônias, plantações e minas; *"Traite des Nègres"* afirmava que escravos traficados representavam uma "mercadoria ilícita — proibida por todas as leis da humanidade e da igualdade", de modo que a abolição era necessária, mesmo que arruinasse as colônias ("Sejam antes destruídas as colônias do que serem a causa de tanto mal"). Mas o racismo seguia presente nesses textos (Sala-Molins, *Le Code Noir* op. cit., pp. 254-261), e a abolição era aconselhada sob a forma de um processo gradual, para que os escravos pudessem ser preparados para a liberdade.

o mundo colonial — tomava as rédeas da luta pela liberdade, não com petições, mas por meio de uma revolta violenta e organizada.[8] Em 1794, os negros armados de Saint-Domingue forçaram a República Francesa a aceitar o *fait accompli* da abolição da escravatura na ilha (declarada pelos comissários coloniais franceses Sonthonax e Polverel, agindo por conta própria) e a universalizar a abolição em todas as colônias francesas.[9] De 1794 a 1800, como homens

[8] Esse levante de escravos foi liderado por Boukman, um sacerdote do vodu, um culto sincrético que não apenas congregou escravos de diferentes culturas africanas, mas também absorveu símbolos culturais ocidentais (ver cap. 10 nota 18). Boukman se dirigia aos escravos: "Deitai fora o símbolo do deus dos brancos que tantas vezes nos fez chorar, e escutai a voz da liberdade, que fala para os corações de todos nós" (James, *Os jacobinos negros* op. cit., p. 93). Apesar de rebeliões de escravos ocorrerem com bastante frequência em Saint-Domingue — 1679, 1713, 1720, 1730, 1758, 1777, 1782 e 1787, antes da ampla revolta de 1791 (ver Alex Dupuy, *Haiti in the World Economy: Class, Race, and Underdevelopment since 1700*. Boulder: Westview Press, 1989, p. 34) —, o levante de Boukman provocou, no contexto da radicalização da Revolução Francesa, uma mudança na percepção dos europeus sobre as revoltas de escravos, não mais vistas como uma sucessão de rebeliões de cativos, mas como uma extensão da Revolução Europeia: "As notícias do verão de 1791 haviam se concentrado na fuga para Varènnes e na captura da família real francesa *e* na revolta dos escravos em Saint-Domingue" (Ronald Paulson, *Representations of Revolution, 1789-1820*. New Haven: Yale University Press 1983, p. 93).

[9] A escravidão foi abolida por Polverel e Sonthonax em agosto de 1793, que agiram autonomamente em relação às ordens de Paris. O papel de ambos foi negligenciado pelos historiadores, outro caso de cegueira acadêmica que, para usar a feliz expressão de Trouillot, "silencia o passado" (ver Trouillot, *Silenciando o passado* op. cit.). Ver o simpósio organizado por Marcel Dorigny, *Léger-Félicité Sonthonax. La Première Abolition de l'esclavage. La Révolution française et la Révolution de Saint-Domingue* (Saint-Denis, 1997), que apenas começou a remediar a situação; em especial, ver Roland Desné, "Sonthonax vu par les dictionnaires", (pp. 113-120 do catálogo), que retraça a quase total desaparição do nome de Sonthonax das enciclopédias bibliográficas da França ao longo do século xx.

livres, esses antigos escravos se envolveram numa luta contra forças invasoras britânicas, nas quais muitos colonos, brancos e mulatos, proprietários de terras em Saint-Domingue, depositaram suas esperanças de restabelecimento da escravidão.[10] O exército negro, sob o comando de Toussaint Louverture, derrotou militarmente os britânicos, numa luta que fortaleceu o movimento abolicionista na Grã-Bretanha e preparou o terreno para a suspensão britânica do tráfico de escravos em 1807.[11] Em 1801, Toussaint Louverture, o antigo escravo que se tornou governador de Saint-Domingue, passou a suspeitar que o Diretório Francês pudesse tentar rescindir a abolição.[12] Mesmo assim, ainda leal à República,[13] escreveu

10 Os britânicos foram pragmaticamente compelidos a garantir a liberdade aos escravos de Saint-Domingue que concordaram em lutar ao seu lado — como fizeram Sonthonax e Polverel no caso daqueles que lutaram pela República Francesa. O efeito dessas políticas foi comprometedor para a escravidão, contradizendo qualquer argumento ontológico sobre a incapacidade dos escravos para a liberdade; ver David Patrick Geggus, "The British Occupation of Saint-Domingue, 1793-98" (tese de doutorado).York: University of York, 1978, p. 363.

11 Geggus destaca: "O papel desempenhado pelo Haiti no súbito ressurgimento do movimento antiescravagista em 1804 parece ter sido ignorado pela literatura acadêmica. Porém, sua importância foi aparentemente considerável" (Geggus, "Haiti and the Abolitionists: Opinion, Propaganda, and International Politics in Britain and France, 1804-1838" in David Richardson (org.), *Abolition and its Aftermath: The Historical Context, 1790-1916*. Londres: Routledge, 1985, p. 116). Novamente, um caso de cegueira acadêmica que silencia o passado.

12 Em 1796, o general Laveaux nomeou Toussaint governador e o aclamou como o salvador da república e o redentor dos escravos prenunciado por Raynal; ver Robin Blackburn, *The Overthrow of Colonial Slavery, 1776-1848*. Londres: Verso, 1988, p. 233. Em 1802, o *Code Noir* foi restaurado na Martinica e em Guadalupe (sem que nada, porém, fosse dito a respeito de sua pretensão de validade em Saint-Domingue).

13 Louverture havia se aliado anteriormente ao rei de Espanha, realizando

uma constituição para a colônia que se adiantou a qualquer outro documento dessa natureza no mundo — se não em suas bases democráticas, certamente com relação à inclusão racial pressuposta em sua definição de cidadania.[14] Em 1802, Napoleão de fato buscou restabelecer a escravidão e o *Code Noir*, ordenando a prisão e a deportação de Toussaint à França, onde morreu aprisionado em 1803. Quando Napoleão enviou tropas francesas sob o comando de Leclerc para subjugar a colônia, desencadeando uma luta brutal contra a população negra "que chegou ao ponto de uma guerra genocida",[15] os cidadãos negros de Saint-Domingue mais uma vez

operações militares e operando a partir da porção oriental da ilha, que era uma colônia espanhola; mas tão logo soube que a Assembleia Francesa abolira a escravidão, juntou-se a Sonthonax contra os britânicos e foi leal à República Francesa até sua prisão. Essa mudança de alianças, que foi objeto de controvérsia, é analisada por Geggus em "'From His Most Catholic Majesty to the Godless République': The 'Volte-Face' of Toussaint Louverture and the End of Slavery in Saint-Domingue", in *Revue française d'histoire d'outre-mer*, nº 65 (241). Paris: Persée, 1978, pp. 488-489.

14 Para ajudá-lo a preparar o texto constitucional, Toussaint convocou um conselho de seis cidadãos, incluindo o advogado bordelês Julien Raimond: "A Constituição é Toussaint Louverture, da primeira à última linha, e nela ele estabelecia os seus princípios de governo. A escravidão estava abolida para sempre. Todo homem, não importava a sua cor, poderia candidatar-se a qualquer emprego e não haveria outra distinção que virtude e talento e nenhuma superioridade a não ser aquela que a lei garantisse no exercício da função pública. Ele incorporou à Constituição um artigo que preservava os direitos de todos os proprietários ausentes da colônia, 'por qualquer razão que fosse' exceto se estivesse na lista dos emigrados proscritos na França. No mais, Toussaint concentrava todo o poder em suas próprias mãos" (James, *Os jacobinos negros* op. cit., p. 241). O regime de Toussaint antecipou o estatuto territorial e político do domínio. A França perdeu a oportunidade de estabelecer uma política de imperialismo esclarecido.

15 Geggus, "Slavery, War, and Revolution in the Greater Caribbean", in D. B. Gaspar e D. P. Geggus (orgs.), *A Turbulent Time: The French Revolution and the Greater Caribbean*. Bloomington: Indiana University Press, 1997, p. 22.

pegaram em armas, demonstrando como, nas palavras do próprio Leclerc: "Não é o bastante afastar Toussaint. Há cerca de dois mil líderes para serem afastados."[16] Em primeiro de janeiro de 1804, o novo líder militar Jean-Jacques Dessalines, nascido escravo, deu o passo final ao declarar independência da França, combinando assim o fim da escravidão com o fim da condição colonial. Sob a bandeira da *Liberdade ou Morte* (tais palavras foram inscritas na bandeira vermelha e azul, da qual a faixa branca da tricolor francesa havia sido removida),[17] derrotou as tropas francesas, eliminou a população branca e estabeleceu em 1805 uma nação independente e constitucional de cidadãos "negros", um "império" à imagem daquele do próprio Napoleão, ao qual deram o antigo nome aruaque da ilha, Haiti.[18] Esses acontecimentos, culminando na plena liberdade dos escravos e da colônia, não tinham precedente. "Jamais uma sociedade escravista havia sido capaz de derrubar sua classe dirigente."[19]

A autolibertação dos escravos africanos de Saint-Domingue lhes assegurou, à força, o reconhecimento dos brancos europeus

16   James, *Os jacobinos negros* op. cit., p. 313.

17   Ibid., p. 331. Escrevendo sob pseudônimo em um jornal de Boston, defendendo a revolução em Saint-Domingue, Abraham Bishop "lembrou que os revolucionários americanos, que haviam ensinado o mundo a ecoar o grito de 'Liberdade ou Morte!' não diziam 'todos os *brancos* são livres, mas todos os *homens* são livres'" (D. B. Davis, *Revolutions: Reflections on American Equality and Foreign Liberations*. Cambridge: Harvard University Press, 1990, p. 50).

18   A constituição de Dessalines declarava que *todos* os haitianos são negros, procurando eliminar legislativamente as categorias de mulatos e de todos os vários gradientes de inter-racialidade. Dessalines foi assassinado em 1806; o Haiti foi então dividido em duas partes, um "reino" setentrional, governado por Henri Christophe, e uma "república" meridional, cujo presidente era Alexandre Pétion.

19   Geggus, "Haiti and the Abolitionists" op. cit., p. 114.

e americanos — se não sob outra forma qualquer, ao menos sob a forma de medo. Entre aqueles que sustentavam simpatias igualitárias, angariou-lhes também o respeito. Por quase uma década, antes que a eliminação violenta dos brancos sinalizasse seu recuo deliberado diante de princípios universalistas, os jacobinos negros de Saint-Domingue ultrapassaram a própria metrópole ao realizar ativamente o objetivo iluminista da liberdade humana, parecendo oferecer prova de que a Revolução Francesa não era simplesmente um fenômeno europeu, mas um evento com implicações históricas de alcance mundial.[20] Se acabamos nos acostumando a diferentes narrativas, àquelas que situam os eventos coloniais nas margens da história europeia, então fomos seriamente enganados. Os eventos em Saint-Domingue foram cruciais para os esforços contemporâneos de extrair sentido da realidade criada pela Revolução Francesa e por seus desdobramentos.[21] Precisamos considerar os fatos a partir dessa perspectiva.

---

20 Trouillot considera a Revolução Haitiana a "revolução política mais radical dessa era" (*Silenciando o passado*, op. cit., p. 161). Blackburn escreve: "O Haiti não foi o primeiro Estado americano independente, mas foi o primeiro a garantir liberdade civil a todos os seus habitantes" (*The Overthrow of Colonial Slavery* op. cit., p. 260).

21 Teria sido a Revolução Francesa uma "mera reforma dos abusos", como Napoleão dizia que os britânicos a consideravam, ou representava "um completo renascimento social", como disse em seu leito de morte? Ver Paulson, *Representations of Revolution*. Londres: Yale University press, p. 51. No fim da vida, Napoleão se arrependeu da maneira como havia tratado Toussaint Louverture.

Consideremos a decorrência lógica da derrocada da escravidão na evolução da consciência dos europeus que a testemunharam. Os revolucionários franceses sempre viram a si mesmos como um movimento de libertação que livraria as pessoas da "escravidão" das iniquidades feudais. Em 1789, os lemas "viver livre ou morrer" e "antes a morte que a escravidão" eram correntes, e era nesse contexto que a *Marselhesa* denunciava *l'antique esclavage* [a antiga escravidão].[1] Era uma revolução não apenas contra a tirania de um governante específico, mas contra todas as tradições antigas que violavam os princípios gerais da liberdade humana. Relatando os eventos de Paris no verão de 1789, o publicista alemão Johann Wilhelm von Archenholz (ao qual ainda retornaremos) abandonou sua usual neutralidade jornalística para exclamar que o "povo" [*Volk*] francês, "acostumado a beijar seus grilhões [...] tinha, em questão de horas, rompido essas gigantescas correntes com um golpe arrebatador de coragem, tornando-se mais livres do que romanos e gregos haviam sido em seu tempo e do que americanos e britânicos são hoje".[2]

---

1 Ver Blackburn, *The Overthrow of Colonial Slavery* op. cit., p. 230.
2 Friedrich Ruof, *Johann Wilhelm von Archenholtz: Ein deutscher Schriftsteller zur Zeit der Französischen Revolution und Napoleons, 1741-1812*. Vaduz:

Mas e as colônias, fonte de riqueza de uma parcela tão grande da população francesa? O significado da liberdade estava em jogo em sua reação aos eventos de 1789, e em Saint-Domingue, a joia da coroa, mas do que em qualquer outro lugar. Será que os colonos seguiriam o exemplo dos americanos e se revoltariam, como demandavam alguns dos fazendeiros crioulos de Saint-Domingue? Ou será que iriam se congregar fraternalmente para proclamar sua "liberdade" como cidadãos franceses? Nesse caso, quem seria reconhecido como cidadão? Os proprietários de terras, por certo.[3] Mas somente os brancos? Estima-se que os mulatos eram proprietários de cerca de um terço da terra cultivada de Saint-Domingue.[4] Não deveriam ser eles também incluídos, e não apenas eles, mas

---

Kraus Reprint, 1965, p. 29. (A grafia "Archenholtz", empregada por Ruof, é algo inusitada). Archenholz continuava: "Deveriam ser exaltados pelo povo alemão, que assim se exaltaria a si mesmo" (ibid., p. 30). Em 1792, utilizou novamente a metáfora da escravidão ao descrever a situação revolucionária francesa, perguntando se o povo "de uma das nações mais populosas da Terra, que se havia erguido nos últimos anos do lodo viscoso da escravidão e provado à saciedade dos doces frutos da liberdade, [...] tão cedo voltaria a baixar docilmente a cabeça sob o jugo e a se entreter com seus grilhões rotos como se fossem brinquedos, [...] mesmo que toda a força combinada da Europa naufragasse do choque contra esse rochedo" (ibid., p. 49).

3   Em 1790, uma assembleia colonial em Saint-Domingue concedeu direito de voto aos brancos não proprietários (franqueando o eleitorado a uma base mais ampla do que na própria metrópole), reforçando a natureza racial da exclusão política; ver Blackburn, *The Overthrow of Colonial Slavery* op. cit., p. 183.

4   Blackburn escreve que possuíam duas mil fazendas de café no oeste e no sul, em comparação com as 780 fazendas de açúcar, cuja grande maioria era controlada por brancos: "Em Saint-Domingue, os homens livres de cor eram quase tão numerosos quanto os colonos brancos, talvez até mais numerosos". Os proprietários de cor possuíam cerca de cem mil escravos: "em nenhuma outra parte das Américas figuravam tão alto na escala da classe proprietária aqueles que tinham ascendência parcialmente africana"; com frequência "portavam o prestigioso nome de um pai francês" (ibid., pp. 168-169).

também os negros livres? Seria propriedade ou raça o teste decisivo para ser um cidadão da França? E, ainda mais premente, se os africanos podiam em princípio ser incluídos como cidadãos — isto é, se os pressupostos racistas subjacentes ao *Code Noir* afinal não fossem válidos —, então como poderia ser justificada a continuidade da escravização legal dos negros?[5] E se não pudesse ser justificada, como poderia ser mantido o sistema colonial? O desenrolar da lógica da liberdade nas colônias ameaçava decompor toda a estrutura institucional da economia escravagista que sustentava uma porção substancial da burguesia francesa, e essa revolução política era, afinal, sua.[6] Mesmo assim, somente a lógica da liberdade poderia oferecer à revolução a legitimidade nos termos universais em que os franceses enxergavam a si mesmos.

A Revolução Haitiana era a prova de fogo para os ideais do iluminismo francês. E todo europeu que fazia parte do público leitor burguês sabia disso.[7] "Os olhos do mundo estavam agora

5 O barão de Wimpffen perguntava se os colonos não sentiam medo ao dizer *liberdade* ou *igualdade* na frente de seus escravos; ver James, *Os jacobinos negros*, op. cit., p. 82. Porém, ainda era raro em 1792 que republicanos declarassem abertamente, como o fez Sonthonax, que "não podem os negros ser mantidos em cativeiro se homens livres que são iguais aos brancos também são negros como os escravos" (Jacques Thibaud, "Saint-Domingue à l'arrivée de Sonthonax" in *Revue française d'histoire d'outre-mer*, nº 84 (316). Paris: Persée, 1997, p. 44).

6 Na Assembleia Constituinte (1789-1791), composta por aproximadamente 1.100 deputados, um em cada dez tinha interesses em Saint-Domingue; ver ibid., p. 41.

7 Os *Amis des Noirs* (associação fundada em 1788) foram importantes ao preparar o terreno para essa discussão. Apesar de pouco numerosos, eram influentes como escritores e panfletários (Condorcet, Brissot, Mirabeau, abade Grégoire), cujos trabalhos deploravam a condição dos escravos coloniais. Marcus Rainsford escreveu em 1805 que, como um resultado da circulação dos escritos de todos eles, os escravos negros "eram assunto de destaque em conversas e motivo de arrependimento em metade das cidades europeias";

em Saint-Domingue."[8] Assim começava um artigo publicado em 1804 em *Minerva*, o periódico fundado por Archenholz, que vinha cobrindo a Revolução Francesa desde seu princípio e informando sobre a revolução em Saint-Domingue desde 1792.[9] Por um ano inteiro, do outono de 1804 ao fim de 1805, *Minerva* publicou uma série contínua, totalizando mais de cem páginas, incluindo fontes documentais, sumários de imprensa e relatos testemunhais,

---

tendo em vista que retratavam, com "triste eloquência", as "misérias da escravidão" e "eram certamente a causa do chamado à ação, com amplo alcance, daquele espírito de revolta dormente no africano escravizado ou em seus descendentes" (M. Rainsford, *An Historical Account of the Black Empire of Hayti*. Londres: Duke University Press, 1805, p. 107). A postura dos *Amis des Noirs* consistia na defesa somente da emancipação gradual até 1791, quando passaram a defender a concessão de direitos a negros livres e mulatos; à época da abolição efetiva da escravidão (1794), a associação já havia deixado de existir, vítima dos expurgos de Robespierre. A abolição passou a ser identificada com os girondinos, inimigos de Robespierre: "Os girondinos foram acusados de terem secretamente fomentado os levantes coloniais em favor da Grã-Bretanha e de apoiarem a abolição com o objetivo de arruinar o império francês [...]. O próprio Robespierre se manteve ausente de modo conspícuo da sessão de 4 de fevereiro [da Convenção, que votou unanimemente pela abolição da escravatura] e não assinou o decreto" (Carolyn E. Fick, "The French Revolution in Saint-Domingue: A Triumph or a Failure?" in *A Turbulent Time*. Bloomington: Indiana University Press, 1997, p. 68; comparar com Yves Bénot, "Comment la Convention a-t-elle voté l'abolition de l'esclavage en l'an II?" *in* Michel Vovelle (org.), *Révolutions aux colonies*. Paris: Persée 1993, pp. 13-25).

8   Johann Wilhelm von Archenholz, "Zur neuesten Geschichte von St. Domingo" in *Minerva* nº 4 (novembro de 1804), p. 340. Essa era a introdução editorial de Archenholz ao artigo (pp. 341-345), criticando a violência da revolução e demonstrando ceticismo quanto à viabilidade do "Estado dos pretos".

9   Ver "Historische Nachrichten von den letzten Unruhen in Saint Domingo: Aus verschiedenen Quellen gezogen" in *Minerva* nº 1 (fevereiro de 1792), pp. 296-319. O artigo se pronunciava em favor dos direitos dos mulatos, da postura de Brissot e dos *Amis des Noirs*.

relatando aos leitores não apenas a luta final pela independência dessa colônia francesa — sob a bandeira de *Liberdade ou Morte!*[10] —, mas também os eventos dos dez anos que a precederam. Archenholz criticava a violência dessa revolução (como também o fazia em relação ao Terror Jacobino na metrópole), mas passou a ter grande apreço por Toussaint Louverture, publicando, como parte de sua série, a tradução alemã de um capítulo do manuscrito de um capitão britânico, Marcus Rainsford, que celebrava em superlativos o caráter de Toussaint, sua liderança e sua humanidade.[11]

A revista de Archenholz se apropriava livremente de fontes em língua inglesa e francesa, de modo que seu relato refletia notícias amplamente veiculadas entre o público leitor europeu, e os

---

10   Esse lema, proclamado por Dessalines em maio de 1803, foi reportado em "Zur neuesten Geschichte von St. Domingo" in *Minerva* nº 4 (dezembro de 1804), p. 506.

11   O livro de Rainsford, publicado na Inglaterra em 1805 (e em tradução integral para o alemão no ano seguinte), afirmava: "A ascensão do Império Haitiano pode afetar decisivamente a condição da raça humana [...]. Poucos noutra época acreditarão que filósofos pudessem ter ouvido impassivos acerca da realização de um tal fato brilhante, até então inédito, ou o pudessem ter confinado à vaga noção daqueles cuja experiência não é admitida em meio ao espectro da verdade histórica [...]. Está nos registros antigos que negros eram capazes de repelir vigorosamente seus inimigos em sua própria terra; e um escritor moderno [Adanson, *Voyage à l'Afrique*, 1749-1753] nos assegurou dos talentos e virtudes desse povo; coube, porém, ao fim do século XVIII, realizar o espetáculo que exibiu uma horda de negros que, abandonando um estado de abjeta degeneração, se emanciparam a si mesmos da mais vil escravidão e logo estabeleceram entre si as relações da vida em sociedade, promulgando leis e comandando exércitos nas colônias da Europa. O mesmo período testemunhou uma grande e reluzente nação [França] [...] regredir à barbárie das épocas mais remotas." Rainsford situava a Revolução Haitiana "entre os episódios mais marcantes e importantes da época" (Rainsford, *An Historical Account of the Black Empire of Hayti*, op. cit., pp. X-XI e 364).

artigos em *Minerva* foram aproveitados, por sua vez, por "incontáveis jornais" (um cenário de comunicação cosmopolita e aberta, a despeito das restrições de propriedade intelectual, algo que talvez encontrará paralelo somente na fase inicial da internet).[12] Apesar de existir censura na imprensa francesa após 1803,[13] jornais e revistas na Grã-Bretanha (assim como nos Estados Unidos e na Polônia)[14] deram destaque aos eventos da batalha revolucionária final em Saint-Domingue — entre outros, a *Edinburgh Review*.[15] William Wordsworth escreveu um soneto intitulado "A Toussaint

12 Ruof, *Johann Wilhelm von Archenholtz* op. cit., p. 62.

13 O abolicionismo, que sempre fora um tema de pequenos grupos sectários na França, agora deixou efetivamente de existir. A tentativa de reconquistar Saint-Domingue havia sido acompanhada por um manancial de literatura voltada à colônia, mas se tratava em grande parte de obras de colonos, que, com graus variados de vitupério, atribuíam a revolução negra à influência abolicionista. Então, como a expedição de Saint-Domingue fracassou completamente, um veto total foi imposto a todas as obras relacionadas às colônias (Geggus, "Haiti and the Abolitionists..." op. cit., p. 117).

14 A imprensa estadunidense estava repleta de histórias de Saint-Domingue. John Adams, ao mesmo tempo que lamentava o desenrolar dos eventos, acreditava serem o resultado lógico daquilo que a rebelião nos Estados Unidos havia criado. Outros viam a revolução dos escravos como a prova de que a escravidão deveria ser abolida nos Estados Unidos — ou seja, ambos os lados liam-na como algo decisivo para a história *mundial*; ver D. B. Davis, *Revolutions* op. cit., pp. 49-54. Correspondentes de guerra também enviavam relatos periódicos para os jornais da Polônia, uma vez que um regimento polonês fazia parte da força militar sob o comando do general Leclerc, enviado por Napoleão para restabelecer a escravidão em Saint-Domingue. Ver Jan Pachoński e Reuel K. Wilson, *Poland's Caribbean Tragedy: A Study of Polish Legions in the Haitian War of Independence, 1802-1803*. Nova York: East European Monographs, 1986.

15 Ver Geggus, "Haiti and the Abolitionists..." op. cit., pp. 113-115. Na verdade, a maior parte dos relatos não era muito favorável, com exceção da heroicização de Toussaint Louverture.

Louverture", publicado no *The Morning Post* em fevereito de 1803, no qual lamentava o restabelecimento do *Code Noir* nas colônias francesas.[16] [figuras 5, 6 e 15]

Na imprensa de língua alemã, a cobertura de *Minerva* era especial. Já em 1794, dois anos após sua fundação, havia estabelecido sua reputação como o melhor de seu gênero entre os periódicos políticos. Esforçava-se por manter-se apartidário, objetivo e factual, buscando uma "verdade histórica" capaz de "instruir [...] nossos netos".[17] Seu objetivo, conforme explicitado em seu lema (em inglês!), era "apresentar à própria época e à sociedade de seu tempo, sua forma e sua força".[18] Em 1798, sua circulação chegava a três mil

16 O soneto foi "provavelmente escrito na França, em agosto de 1802" (Geggus, "British Opinion and the Emergence of Haiti, 1791-1805", in James Walvin (org.), *Slavery and British Society, 1776-1846*. Baton Rouge: Macmillan, 1982, p. 140). Wordsworth nasceu no mesmo ano que Hegel (1770); ambos tinham por volta de trinta anos de idade na época. William Blake também incorporou a Revolução Haitiana em sua poesia.

17 Ruof, *Johann Wilhelm von Archenholtz* op. cit., pp. 69-70. Archenholz declarou a "mais estrita neutralidade" (*strengste Unparteilichkeit*) como seu "principal dever" (ibid., p. 40).

18 "*To shew the very age and body of the time its form and pressure*" era o mote que figurava na página de rosto. É digno de nota que os estudiosos de *Minerva* precisem voltar ao original para descobrir o intenso interesse de Archenholz por Saint-Domingue e a Revolução Haitiana. As duas monografias que foram escritas sobre ele não mencionam esses artigos; ver Ruof, *Johann Wilhelm von Archenholtz* op. cit., e Ute Rieger, *Johann Wilhelm von Archenholz als "Zeitbürger": Eine historisch-analytische Untersuchung zur Aufklärung*. Berlin: Duncker & Humblot, 1994. Ver, porém, Karin Schüller, *Die deutsche Rezeption haitianischer Geschichte in der ersten Hälfte des 19. Jahrhunderts: Ein Beitrag zum deutschen Bild vom Schwarzen* (Colônia: Böhlau, 1992, pp. 248-261), que inclui um sumário dos artigos de *Minerva* sobre Saint-Domingue, assim como uma discussão dos relatos sobre a Revolução Haitiana publicados em outros periódicos e livros alemães, incluindo a bastante influente tradução alemã de Rainsford (pp. 103-108). O livro de Schüller me

cópias (respeitável mesmo em *nossa* época para qualquer periódico intelectual sério), número que se estima ter dobrado em 1809. Nas palavras do biógrafo de Archenholz, *Minerva* era "o mais importante periódico político da virada do século", tanto em termos de qualidade do conteúdo, escrito por correspondentes regulares (que eram, por sua vez, figuras públicas importantes por mérito próprio), como pela qualidade dos leitores, entre os quais se encontravam algumas das pessoas mais influentes na Alemanha.[19] O rei Frederico Guilherme III da Prússia "lia *Minerva* constantemente".[20] Tanto Goethe como Schiller o liam (sendo que este se correspondia regularmente com Archenholz),[21] assim como Klopstock (que contribuía para o periódico), Schelling e Lafayette. E — por que continuar privando o leitor do inevitável? — outro leitor regular de *Minerva*, como sabemos a partir de suas cartas publicadas, era o filósofo alemão Georg Wilhelm Friedrich Hegel.[22]

———

foi apresentado por Geggus, depois de ter escrito seu trabalho, e tomei a liberdade de adicionar referências a ele nas notas sempre que apropriado.

19 Ruof "Haiti and the Abolitionists…" op. cit., p. 131. Dois correspondentes especialmente célebres eram Konrad Engelbert Oelsner e Georg Forster; mais sobre eles abaixo. Para os dados relativos à circulação, ver ibid., pp. 129-130.

20 Ibid., p. 130.

21 Schiller escreveu a Archenholz em 1794, sugerindo que fizesse uma retrospectiva sobre a Revolução Americana na revista: "Não lhe ocorreu ainda a ideia de organizar um breve e denso retrato da guerra americana pela liberdade?" (Ibid., p. 45). Apesar de nenhum artigo ter aparecido em *Minerva*, a série sobre os eventos de Saint-Domingue, 1791-1805, era análoga em sua concepção.

22 Hegel escreveu de Berna a Schelling na véspera do Natal de 1794: "De maneira um tanto acidental, falei há alguns dias com o autor das cartas assinadas por 'O' na *Minerva* de Archenholz. Sem dúvida, você sabe de quais estou falando. O autor, supostamente inglês, é, na verdade, um silesiano chamado Oelsner […] ainda jovem, mas se percebe que se esforçou bastante" (Hegel, carta a Schelling de 24 de dezembro de 1794; ver *Hegel: The Letters*,

trad. ing. de C. Butler e C. Seiler. Bloomington: Indiana University Press, 1984, p. 28. Escrevendo em 1915, Ruof não menciona Hegel como um leitor de *Minerva*, mas ele não teve acesso à publicação alemã das cartas de Hegel; ver Johannes Hoffmeister (org.), *Briefe von und an Hegel*. Hamburgo: Felix Meiner, 1969-1981. Jacques d'Hont, porém, inicia seu livro com um capítulo sobre a influência de *Minerva* sobre Hegel (e Schelling), que descreve como "total" [*globale*] (Jacques d'Hont, *Hegel Secret: Recherches sur les sources cachées de la pensée de Hegel*. Paris: Persée, 1968, pp. 7-45). Note que d'Hont não faz menção nenhuma aos artigos sobre Saint-Domingue que apareceram nas páginas de *Minerva* (sua preocupação é outra; ver cap. 10 nota 9). Konrad Engelbert Oeslner, um republicano mais radical que Archenholz, era girondino (anti-Robespierre); seu herói era o abade Sieyès. Ver sua história da Revolução Francesa (baseada em seus relatos testemunhais), Jörn Garber (org.), *Luzifer oder gereinigte Beiträge zur Geschichte der Französischen Revolution* (editada), Kronberg/Taunus: Scriptor Verlag, 1997.

"De onde surgiu a ideia de Hegel sobre a relação entre o senhorio e a servidão?" perguntam-se especialistas em Hegel, repetidamente, referindo-se à célebre metáfora da "luta de vida ou morte" entre senhor e escravo, que, para Hegel, oferecia a chave para o avanço da liberdade na história mundial e que foi elaborada pela primeira vez em *A fenomenologia do espírito*, escrita em Jena entre 1805 e 1806 (o primeiro ano de existência da nação haitiana) e publicada em 1807 (o ano da abolição britânica do tráfico de escravos). Vale a pena reforçar: de onde? Os estudiosos da história das ideias da filosofia alemã conhecem apenas um lugar onde procurar pela resposta: nos escritos de outros intelectuais. Talvez tenha sido Fichte, escreve George Armstrong Kelly, apesar de que "o problema do senhorio e da servidão é essencialmente platônico".[1] Judith Shklar

---

1   George Armstrong Kelly, "Notes on Hegel's 'Lordship and Bondage'", in John O'Neill (org.), *Hegel's Dialectic of Desire and Recognition: Text and Commentary*. Albany: State University of New York Press, 1996, p. 260. Kelly insiste que os escritos de Hegel devem ser considerados no contexto "da época de Hegel", mesmo sendo uma época em que abunda pensamento (ibid., p. 272). Ele considera, portanto, as diferenças filosóficas entre Fichte, Schelling e Hegel: a temática de Fichte era mais geral, voltada ao reconhecimento mútuo (um tema que Hegel havia abordado anteriormente), enquanto na dialética do senhor e do escravo "Hegel defende uma doutrina

toma o caminho convencional de vincular a discussão hegeliana a Aristóteles. Otto Pöggeler — e dificilmente haverá nome de maior gabarito na literatura alemã sobre Hegel — diz que a metáfora sequer provém dos antigos, sendo na verdade um exemplo totalmente "abstrato".[2] Apenas um estudioso, Pierre Franklin Tavares, chegou a realmente estabelecer a conexão entre Hegel e o Haiti, baseando seu argumento na evidência de que Hegel havia lido o abade abolicionista francês Grégoire.[3] (Seu trabalho, escrito no

---

de igualdade originária que é curiosa e perigosamente negada por Fichte" (ibid., p. 269). Muitos intérpretes escolhem discutir Hegel nesse ponto nos termos colocados por Fichte, reduzindo assim a importância do exemplo de reconhecimento que é específico a Hegel e que foi introduzido pela primeira vez em 1803: a relação entre senhor e escravo. Ver, por exemplo, Robert R. Williams (que se alinha, por sua vez, a Ludwig Siep): "The story of recognition is a story about Fichte and Hegel", in R. R. Williams, *Hegel's Ethics of Recognition*. Berkeley: University of California Press, 1997, p. 26.

2   Ver Judith N. Shklar, "Self-Sufficient Man: Dominion and Bondage", in *Hegel's Dialectic of Desire and Recognition* op. cit., pp. 289-303, e Otto Pöggeler, *Hegels Idee einer Phänomenologie des Geistes*. Freiburg: Alber, 1993, pp. 263-264.

3   Ver Pierre Franklin Tavares, "Hegel et l'abbé Grégoire: Question noire et révolution française", in *Révolutions aux colonies* op. cit., pp. 155-173. O abade Henri Grégoire era certamente o mais leal defensor do Haiti entre os abolicionistas franceses. Em 1808, escreveu *De la littérature des Nègres*, que conseguiu contornar a censura de Napoleão sobre o tema de modo "engenhoso", tratando ostensivamente dos esforços literários de negros que escreviam em francês e inglês: "O livro era predominantemente sobre a sociedade africana, mas nele Grégoire também aproveitou a oportunidade para exaltar os dominguenses Toussaint Louverture e Jean Kina (que havia liderado uma revolta na Martinica) e para observar que, se o Haiti ainda era politicamente instável, esse também tinha sido o caso da França na década de 1790" (Geggus, "Haiti and the Abolitionists..." op. cit., p. 117). Convidado em meados de 1820 a assumir um bispado no Haiti, Grégoire recusou, frustrado com a atitude conciliatória assumida pelo Haiti em relação à França, por conta da concordância do presidente haitiano Boyer em

início da década de 1990, foi, até onde sei, retumbantemente ignorado pela comunidade hegeliana). Mas mesmo Tavares trata do Hegel tardio, após a concepção da dialética do senhor e do escravo.[4] Ninguém ousou sugerir que a ideia para a dialética do senhorio e da servidão pudesse ter ocorrido a Hegel em Jena, entre os anos de 1803 e 1805, a partir da leitura da imprensa — revistas e jornais. Porém, esse mesmo Hegel, nesse mesmo período de Jena, durante o qual a dialética do senhor e do escravo foi concebida pela primeira vez, fez a seguinte anotação: *"Ler o jornal no início da manhã é uma espécie de prece matinal realista. Nossa atitude se afasta do mundo e se dirige a Deus ou então àquilo em que consiste o mundo. Tanto isto como aquilo oferecem a mesma certeza de saber de que modo nos situamos."*[5]

———

pagar enormes reparações aos antigos fazendeiros coloniais em troca do reconhecimento da independência nacional; ver ibid., p. 128.

4   Ainda não tive a oportunidade de ver o artigo original de Tavares, "Hegel et Haiti, ou le silence de Hegel sur Saint-Domingue" in *Chemins Critiques* nº 2. Port-au-Prince: Société Sciences-arts-littérature, 1992, pp. 113-131. Tampouco li sua tese de doutorado, *Hegel, critique de l'Afrique*, Paris 1, 1990. Da versão de seu artigo a que tive acesso, pareceu-me que ele lida mais com fontes francesas do que alemãs e que não consultou revistas da época; sua avaliação é que a preocupação de Hegel com o abolicionismo surgiu posteriormente, na década de 1820, e pode ter sido uma espécie de nostalgia em relação a seus antigos sonhos revolucionários. Schüller, *Die deutsche Rezeption haitianischer Geschichte in der ersten Hälfte des 19*, menciona brevemente Hegel, mas apenas seus trabalhos tardios (dos anos 1820), e não sugere qualquer forma de influência direta, como a que defendo aqui; tampouco sugere que Hegel lesse *Minerva*.

5   Karl Rosenkranz, *Georg Wilhelm Friedrich Hegels Leben*. Darmstadt: Wissenschaftliche Buchgesellschaft, 1977, p. 543. Note que essa ainda é a biografia canônica de Hegel, daí sua republicação em 1977 (e novamente em 1998). Apesar de serem numerosos os trabalhos filosóficos sobre a evolução do pensamento de Hegel, assim como biografias suas, é impressionante que Hegel não tenha encontrado um biógrafo moderno para tomar definitivamente o lugar de Rosenkranz. Ver, por exemplo, Horst Althaus, *Hegel und*

Restam-nos apenas duas alternativas. Ou Hegel era o mais cego de todos os filósofos cegos da liberdade na Europa iluminista, deixando Locke e Rousseau para trás em sua capacidade de negar a realidade debaixo do seu nariz (a realidade *impressa* debaixo de seu nariz sobre a mesa do café da manhã), ou Hegel sabia — dos escravos reais que foram vitoriosos em sua revolta contra seus senhores reais — e elaborou sua dialética do senhorio e da servidão deliberadamente no âmbito de seu contexto contemporâneo.[6]

---

die heroischen Jahre der Philosophie: Eine Biographie. Munique: Carl Hanser, 1992. Ainda que alguns temas relacionados a Hegel tenham sido submetidos ao escrutínio microscópico (as marcas d'água em seus manuscritos, por exemplo), há lacunas incríveis no que conhecemos sobre sua vida. Há diversas razões para essas lacunas, a começar pelo fato de que Hegel mudou repetidas vezes de cidade (de Württemberg para Tübingen, Berna, Frankfurt, Jena, Bamberg, Nuremberg e Heidelberg), antes de se fixar em Berlim durante a década final de sua vida, e ele mesmo tomou o cuidado de destruir muitos documentos antes de morrer, incluindo escritos pessoais. Seu filho (legítimo) Karl responsabilizou-se por arquivar seus documentos após sua morte e pode ter ocultado algumas fontes. (O filho ilegítimo de Hegel, Ludwig, que não é mencionado na biografia de Rosenkranz, foi concebido em Jena, em 1806, enquanto Hegel escrevia *A fenomenologia do espírito*, morrendo na Indonésia em 1831, mesmo ano que seu pai, como membro da marinha mercante holandesa).

6   *A fenomenologia do espírito* não menciona o Haiti ou Saint-Domingue, mas tampouco menciona a Revolução Francesa em passagens sobre as quais há plena concordância dos especialistas em reconhecer no texto a presença da revolução. Sobre a devoção de Hegel aos jornais e revistas, há provas abundantes, desde seus dias de estudante em Tübingen, quando acompanhava os eventos revolucionários franceses, passando pelos anos em Frankfurt, no final da década de 1790, quando lia jornais com a pena na mão, até os anos 1810 e 1820, quando arquivava recortes da imprensa britânica, incluindo a *Edinburgh Review* e o *Morning Chronicle* (ver cap. 11 nota 7). Imediatamente após concluir *A fenomenologia do espírito*, Hegel deixou Jena para ir a Bamberg, onde se tornou ele mesmo editor de um diário, que colapsou quando Hegel foi acusado por censores de ter revelado o paradeiro das tropas alemãs

Michel-Rolph Trouillot escreve em seu importante livro, *Silenciando o passado*, que a Revolução Haitiana "entrou na história com a característica peculiar de continuar sendo impensável, mesmo enquanto acontecia". Ele certamente tem razão ao enfatizar a incapacidade da maioria dos contemporâneos da revolução, por conta de suas categorias pré-fabricadas de pensamento, "para entender em seus próprios termos a revolução em curso".[7] Mas há um perigo em equiparar dois silêncios, o passado e o presente, quando se trata da história haitiana. Pois, se homens e mulheres no século XVIII não concebiam a "igualdade fundamental da humanidade" em termos desracializados, como "alguns de nós fazemos hoje", pelo menos eles sabiam o que estava acontecendo; hoje em dia, quando a revolução dos escravos haitianos pode parecer mais concebível, ela é ainda mais invisível devido à construção dos discursos disciplinares por meio dos quais o conhecimento sobre o passado nos foi legado.[8]

Os europeus do século XVIII *estavam realmente* pensando sobre a Revolução Haitiana, precisamente porque ela desafiava o racismo de muitos de seus pressupostos. Não era necessário ter sido um defensor da revolução de escravos para reconhecer sua importância crucial para o discurso político.[9] "Mesmo na era das revoluções,

---

(a defesa de Hegel se baseou no fato de que tais informações haviam sido obtidas de outras fontes jornalísticas, já publicadas anteriormente).

7 Trouillot, *Silenciando o passado*, op. cit., p. 73.

8 Ibid., p. 82. Trouillot discute as várias "fórmulas de apagamento", por meio das quais histórias generalistas produziram a invisibilidade (Ibid., pp. 98 e ss.).

9 O *tory* evangélico James Stephen publicou um panfleto radical no verão de 1804, argumentando que a autoridade dos senhores brancos de escravos se apoiava fundamentalmente nos temores irracionais dos escravos, "alimentados pela ignorância e pelo hábito", mas também que, assim como a crença em fantasmas, esse "pavor instintivo", uma vez afastado, desaparecia para sempre (Geggus "Haiti and the Abolitionists..." op. cit., p. 115). Henry

seus contemporâneos perceberam a criação do Haiti como algo extraordinário."[10] E até mesmo seus oponentes consideraram esse "evento marcante" como algo "digno da contemplação dos filósofos".[11] Marcus Rainsford escreveu em 1805 que a causa da Revolução Haitiana era o "espírito de liberdade".[12] O fato de que esse espírito *pudesse* ser contagioso, atravessando a fronteira que separava não apenas as raças, mas também os escravos dos homens livres, foi justamente o que tornou possível sustentar, sem recurso à ontologia abstrata da "natureza", que o desejo por liberdade era verdadeiramente universal, um evento da história *mundial* e, de fato, o exemplo capaz de subverter paradigmas. Antes de escrever *A fenomenologia do espírito*, Hegel havia abordado o tema do reconhecimento mútuo em termos de *Sittlichkeit*:[13] criminosos contra

---

Brougham, respondendo a James Stephen na *Edinburgh Review*, "acreditava que a obediência dos escravos derivava simplesmente de um cálculo racional dos custos da resistência [...]. Mais orientado por uma mentalidade de livre mercado, [Brougham] pensava em termos de estímulo e resposta" (ibid., pp. 115-116). O argumento de Brougham pela abolição do tráfico de escravos também se apoiava num fundamento de cálculo e demanda, uma vez que, depois do Haiti, o risco de rebelião havia aumentado mais de mil vezes; ver ibid., p. 116. Sabemos com certeza que Hegel fora leitor da *Edinburgh Review* no período entre 1817 e 1818, e se especula que sua exposição a esse e outros periódicos britânicos já viesse ocorrendo desde muito antes (ver cap. 11 nota 7). Considerando a concepção de Hegel do espírito moderno como essencialmente cristão, é de se imaginar que tomasse o partido de Stephen nessa discussão.

10   Geggus, "Haiti and the Abolitionists..." op. cit., p. 113.

11   "O fazendeiro francês Drouin de Bercy concebia-a como um evento marcante, digno da contemplação de filósofos e estadistas, a despeito de desejar, ele próprio, vê-la esmagada e toda a população [haitiana] massacrada ou deportada" (ibid.).

12   Ver Rainsford, *An Historical Account of the Black Empire of Hayti*, op. cit., cap. 2.

13   Eticidade, comunidade ética. [N.T.]

a sociedade ou as relações recíprocas da comunidade religiosa ou da afeição pessoal. Agora, porém, esse jovem professor, ainda no início de seus trinta anos, teve a audácia de rejeitar essas versões anteriores (mais aceitáveis para o discurso filosófico estabelecido) e inaugurar, como a metáfora central de seu trabalho, não a escravidão oposta a algum estado mítico de natureza (como todos aqueles de Hobbes a Rousseau haviam feito antes dele), mas escravos contra senhores, trazendo para dentro de seu texto, como uma tinta invisível, a realidade presente, histórica, que o circundava.

Consideremos em maior detalhe a dialética de Hegel do senhorio e da servidão, concentrando-nos sobre as características mais notórias dessa relação. (Para tanto, vou me apoiar não apenas nas passagens relevantes de *A fenomenologia do espírito*, mas também nos textos que imediatamente a precedem, escritos em Jena entre 1803 e 1806).[1]

1 Para fazer justiça às variações dos textos de Jena e, assim, à evolução da ideia de Hegel sobre a dialética do senhor e do escravo em meio ao contexto histórico da Revolução Haitiana, seria necessário um artigo à parte. Não será possível oferecer aqui uma descrição verdadeiramente apurada. Poderei oferecer somente uma hipótese, que considera a leitura de Adam Smith por Hegel em 1803 como um ponto de virada. Nos primeiros *Systementwürfe* [esboços de sistema] de Jena (1803-1804), Hegel tematiza a "batalha por reconhecimento" de uma maneira que marca uma ruptura tanto com a concepção clássica de comunidade ética [*Sittlichkeit*] quanto com a concepção hobbesiana da autopreservação individual (o estado de natureza). O crucial e conclusivo "fragmento 22" (porções do qual foram borrados e reescritos pelo próprio autor, sendo que ao menos uma página se perdeu) começa com uma discussão sobre a "necessidade absoluta" do "reconhecimento mútuo": a violação da propriedade deve ser vingada "até a morte" (Klaus Düsing e Heinz Kimmerle (orgs.), *Jenaer Systementwürfe*, v. 1. Hamburgo: Felix Meiner, 1986, 218n). Falando do chefe de família proprietário de terras, Hegel escreve: "se ele se arrisca a um ferimento, mas não a perder a vida", então "se converte num escravo do outro [*er wird der Sklav des andern*]" (p. 221).

Hegel compreende a posição do senhor em termos políticos *e* econômicos. No *System der Sittlichkeit* (1803): "O senhor possui geralmente uma superabundância de necessidades físicas, enquanto o outro (o escravo) delas carece."[2] À primeira vista, a situação do senhor é

O vocábulo alemão normalmente empregado é *Sklave*; note que aqui, e ao longo de sua obra, Hegel utiliza *ambos* os termos, *Knecht* e *Sklav(e)*, na dialética do mútuo reconhecimento. Mas e se a "propriedade" for ela mesma a agressora, o escravo que retifica da injúria cometida contra *a sua pessoa*, assegurando sua própria liberdade sem oferecer compensação? Hegel não levanta essa questão, preferindo seguir rumo a uma discussão sobre os "costumes" do "povo" (*das Volk*) e a "obra" comum a todos. Isso o leva numa direção surpreendentemente não hobbesiana, a uma crítica do trabalho prostrante e repetitivo da mão de obra fabril moderna (a divisão do trabalho, exemplificada na fábrica de alfinetes de Smith); ver pp. 227-228. Hegel, em seguida, descreve criticamente a interdependência descontrolada e "cega" dos trabalhadores na economia global, a "sociedade burguesa" [*bürgerliche Gesellschaft*] das trocas mercantis, que gera um "sistema monstruoso" [*ungeheueres System*] de mútua "dependência" [*Abhängigkeit*] e que, "como uma fera selvagem, precisa ser domada" (pp. 229-230). O fragmento 22 se encerra (em 1804!) justamente no ponto em que a discussão de Hegel sobre a "posse" [*Besitz*], como a forma na qual a generalidade da "coisa" [*das Ding*] é "reconhecida" [*anerkannt*], poderia tê-lo levado a enfrentar a contradição pela qual a lei da propriedade privada trata o escravo (cuja existência não é outra coisa senão trabalho) como uma coisa! O escravo é uma mercadoria como nenhuma outra, na medida em que a liberdade de propriedade e a liberdade pessoal se encontram nele em direta contradição. Seria por essa razão que o manuscrito de Hegel é tão abruptamente interrompido? A revolta dos escravos em Saint-Domingue, nesse contexto, salvou Hegel da má infinitude (o "sistema monstruoso") da reciprocidade contratual ao oferecer o vínculo (por meio de uma mudança de ênfase, das trocas mercantis para o trabalho) entre um sistema econômico (o infinito sistema das necessidades) e a política: a fundação, através de uma luta mortal, do estado constitucional.

2 G. Lasson (org.), *System der Sittlichkeit* (Hamburgo: Felix Meiner, 1967, p. 35), apud H. S. Harris, "The Concept of Recognition in Hegel's Jena Manuscripts" in Dieter Henrich & Klaus Düsing (orgs.), *Hegel-Studien, Beiheft* 20: *Hegel in Jena. Die Entwicklung des Systems und die Zusammenarbeit mit Schelling*

"independente para a qual o ser-para-si é a essência"; enquanto, por outro lado, "o outro", a posição do escravo, é "dependente para [o] qual a essência é a vida ou o ser para um Outro".[3] O escravo é

(*Hegel-Tage Zwettl 1977*). Bonn: Meiner, 1990, p. 234. Harris comenta: "O conceito de personalidade jurídica emerge lado a lado com a instituição do dinheiro como a 'indiferença' da [isto é, a expressão universal para] propriedade. Esse mundo do reconhecimento formal é então diferenciado entre senhores e servos *em função da extensão de suas posses* [isto é, em última instância, em termos de dinheiro]" (p. 233). O *System der Sittlichkeit* [Sistema da eticidade] registra pela primeira vez a leitura de Adam Smith por Hegel e também a relação desigual entre senhor [*Herr*] e servo [*Knecht*], que "se estabelece em decorrência da desigualdade do poder sobre a vida" (p. 34) — apesar de esses dois termos ainda não aparecerem juntos. Hegel está preocupado com a troca de "excedente" como um "sistema de necessidades" que é "empiricamente infinito" — esse comércio "sem fronteiras", por meio do qual um povo é "dissolvido" (isto é, retorna a um "estado de natureza"?) (pp. 82, 84-85). O fato de que, nas trocas de propriedade privada, "coisas têm igualdade com outras coisas" se torna a base do direito legal, mas apenas por meio de um contrato, que consiste no "termo-médio vinculante". É impossível dizer da vida, como se pode dizer de outras coisas, que o indivíduo a "possui"; daí que a conexão entre "senhorio" [*Herrschaft*] e "servidão" [*Knechtschaft*] é uma de "irrelatividade" (pp. 32-37). Hegel destaca que, "entre muitos povos, a mulher é vendida pelos pais — mas essa não pode ser a base de um contrato de matrimônio entre marido e esposa" (p. 37). (Mas o que dizer de sua própria cultura europeia, na qual escravos são comprados e vendidos?). "Tampouco há qualquer contrato com o servo [*Knecht*], mas pode haver um contrato com outra pessoa em relação ao servo ou à mulher" (ibid). Portanto, "o estamento dos escravos [*Sklavenstand*] não é nenhum estamento [*Stand*]; pois ele é apenas formalmente um universal. O escravo [*der Sklave*] comporta-se para com o senhor enquanto indivíduo singular [*Einzelnes*]" (ibid., p. 66). As anotações de conferência a partir das quais *System der Sittlichkeit* foi escrito (posteriormente perdidas!) degeneraram em "mera história", de acordo com Rudolf Haym (*Hegel und seine Zeit*, Berlim: G. Olms, 1857) apud Harris "The Concept of Recognition..." op. cit., p. 164); seria interessante saber a que se referia essa "mera história".

3   Hegel, *A fenomenologia do espírito*, trad. bras. de Paulo Meneses. Petrópolis: Vozes, 1992, p. 130.

caracterizado pela carência de reconhecimento alheio. É visto como "uma coisa"; "coisidade" é a essência da consciência escrava — como havia sido a essência de sua situação jurídica sob o *Code Noir*.[4] Contudo, à medida que a dialética se desenvolve, a dominação aparente do senhor se reverte, com sua consciência de que é, na verdade, totalmente dependente do escravo. Basta coletivizar a figura do senhor para ver a pertinência descritiva da análise de Hegel: a classe de proprietários de escravos depende totalmente da instituição da escravatura para prover a "superabundância" que constitui sua riqueza. Essa classe é, portanto, incapaz de ser o agente do progresso histórico sem aniquilar sua própria existência.[5] Mas então os escravos (novamente coletivizando a figura) alcançam autoconsciência ao demonstrar que não são coisas nem objetos, mas sujeitos que transformam a natureza material.[6] O texto de Hegel se torna obscuro e finalmente silencia ao chegar a essa conclusão.[7] Considerando, porém, os eventos

---

4   Ibid., pp. 130-131.

5   A agência histórica passa então ao escravo, que "inventará a história, mas somente depois que o senhor tornou a humanidade possível" (Kelly "Notes on Hegel's 'Lordship and Bondage'" op. cit., p. 270).

6   A ênfase sobre o trabalho é intrigante. O escravo materializa sua própria subjetividade através do trabalho. Hegel parece privilegiar a mão de obra de artesãos e agricultores (como havia feito também Adam Smith, diante dos efeitos desumanizantes do trabalho fabril). Mas em uma leitura retrospectiva das conferências de Hegel sobre a filosofia da história (discutidas abaixo), essa atitude em relação à mão de obra descreve a transformação na consciência do escravo, de um estágio anterior, de um espírito "africano" que via a própria natureza como subjetividade, rumo a um espírito moderno, para o qual o trabalho sobre a natureza é uma expressão da própria subjetividade.

7   Hegel afirma em *A fenomenologia do espírito*: a mão de obra "encontra-se a si mesma por meio do trabalho" — positivamente, como a consciência escrava "se torna um ente enquanto puro ser-para-si", e, negativamente, enquanto consciência objetivada: "no formar da coisa, toma-se objeto para o escravo sua própria negatividade, seu ser-para-si, somente porque ele suspende a forma oposta. Mas esse negativo objetivo é justamente a essência

históricos que ofereceram o contexto para *A fenomenologia do espírito*, a inferência é bastante clara. Aqueles que chegaram a se submeter à escravidão demonstram sua humanidade quando preferem enfrentar a morte a permanecerem subjugados.[8] A lei (o *Code Noir*!) que os reconhece meramente como "uma coisa" já não pode ser considerada vinculante,[9] apesar de que, antes, de acordo com Hegel, era

———

alheia ante a qual ele tinha tremido. Agora, porém, o escravo destrói esse negativo alheio, e se põe, como tal negativo, no elemento do permanecer: e assim se torna, para si mesmo, um ente-para-si." (pp. 132-133, [т.м.]). Os marxistas interpretaram a conscientização do escravo como uma metáfora para a superação da falsa consciência pela classe operária: a classe-em-si se torna para-si. Eles criticaram Hegel, no entanto, por não ter dado o passo seguinte, na direção da prática revolucionária. Sustento que os escravos de Saint-Domingue estavam, como bem sabia Hegel, dando esse passo por ele.

8   Estou sugerindo que os argumentos de alguns autores negros, que acreditavam estar *em oposição* a Hegel, estão, na verdade, próximos à sua intenção original. Ver, por exemplo, Paul Gilroy, que lê Frederick Douglass (embaixador dos Estados Unidos no Haiti em 1889) como alguém que oferecia uma alternativa ao que entendia ser a "alegoria" de Hegel do senhor e do escravo: "A versão de Douglass é muito diferente. Para ele, o escravo prefere ativamente a possibilidade da morte à continuidade da condição de desumanidade da qual depende a escravidão das *plantations*" (Paul Gilroy, *The Black Atlantic: Modernity and Double Consciousness*. Cambridge: Harvard University Press, 1993, p. 63). Ver também Orlando Patterson, que defende que a "morte social" que caracterizava a escravidão pressupunha, como a negação da negação, não o trabalho (que acreditava ser o que pretendia dizer Hegel), mas a libertação, a despeito de ver isso (em última instância, como Hegel) como algo possível de ser obtido por um processo antes institucional que revolucionário; ver O. Patterson, *Slavery and Social Death: A Comparative Study*. Cambridge: Harvard University Press, 1982, pp. 98-101.

9   Compare a afirmação de Hegel em 1798: "Instituições, constituições e leis que não mais se harmonizem com as opiniões da humanidade e das quais o espírito se tenha esvaído não podem ser mantidas vivas artificialmente" (apud G. P. Gooch, *Germany and the French Revolution*. Nova York: Cambridge University Press, 1916, p. 297). Note que a tentativa de Napoleão de

o próprio escravo o responsável por sua falta de liberdade, ao haver inicialmente optado pela vida em lugar da liberdade, pela mera autopreservação.[10] Em *A fenomenologia do espírito*, Hegel insiste que a liberdade não pode ser outorgada aos escravos de cima para baixo. É preciso que a autolibertação do escravo ocorra através de uma "luta de vida e morte": "Só mediante o pôr a vida em risco, a liberdade [se conquista]; [...] O indivíduo que não arriscou a vida pode bem ser reconhecido como pessoa [a agenda dos abolicionistas!]; mas não alcançou a verdade desse reconhecimento como uma consciência-de-si independente".[11] O objetivo *dessa* libertação — libertação *da* escravidão — não pode ser a sujeição, por sua vez, do senhor, o que unicamente repetiria o "impasse existencial" do senhor,[12] mas sim a eliminação completa da instituição da escravatura.

———

restabelecer o obsoleto *Code Noir* justamente *não* seria um ato da história mundial; nesse momento, o Haiti estava do lado da história mundial, não a França napoleônica. De modo similar, no caso da Alemanha: "Foi, assim, na guerra com a República Francesa, que a Alemanha descobriu, por sua própria experiência, que não mais constituía um Estado", essa consciência somente pôde ser adquirida por meio de uma luta de resistência contra o exército invasor francês (apud Williams, *Hegel's Ethics of Recognition* op. cit., p. 346).

10   Hegel se apegou a essa insistência sobre a responsabilidade do escravo. No adendo ao § 57 do *Princípios da filosofia do direito* (1820): "Mas o fato de que alguém é escravo reside em sua vontade, assim como reside na vontade de um povo se ele é subjugado. Por conseguinte, a escravidão não é uma injustiça apenas dos que fazem escravos ou dos que subjugam, mas dos próprios escravos e subjugados. A escravidão incide na transição da condição natural do homem à verdadeira situação ética; ela faz parte de um mundo em que uma in-justiça ainda é direito. Aqui vige o injusto e se encontra de maneira igualmente necessária em seu lugar".

11   Hegel, *A fenomenologia do espírito*, op. cit., pp. 128-129.

12   Esse termo é de Alexandre Kojève: Raymond Queneau e Alan Bloom (orgs.), *Introduction to the Reading of Hegel: Lectures on the "Phenomenology of Spirit"*, trad. ing. de James H. Nichols, Jr. Ithaca: Cornell University Press, 1969. Queneau reuniu as anotações das conferências e publicou-as em francês em 1947.

Dada a facilidade com que essa dialética do senhorio e da servidão se oferece a uma tal leitura, é de se perguntar por que o tema Hegel e Haiti foi ignorado por tanto tempo. Os estudiosos de Hegel não apenas deixaram de responder a essa questão, como também deixaram, ao longo dos últimos duzentos anos, até mesmo de colocá-la.[13]

13 Até onde sei, Tavares é a única exceção, apesar de muitos autores que se debruçaram sobre a escravidão terem recorrido à dialética hegeliana do senhor e do escravo em suas argumentações. Ver, por exemplo, a conclusão de Davis in *The Problem of Slavery* op. cit., p. 560, que sugere que "incorremos em certa dose de fantasia" ao interpretar a dialética hegeliana do senhor e do escravo como um diálogo imaginário entre Napoleão e Toussaint Louverture. Ver os inúmeros comentários sobre os trabalhos de W. E. B. Dubois a respeito da escravidão que os relacionam àqueles escritos por Hegel; por exemplo, Joel Williamson, *The Crucible of Race: Black-White Relations in the American South since Emancipation*. Nova York: Oxford University Press, 1984; Shamoon Zamir, *Dark Voices: W. E. B. Dubois and American Thought*. Chicago: The University Chicago Press, 1995; e David Levering Lewis, "Introduction to W. E. B. Dubois", *in* D. L. Lewis (org.), *W. E. B. Dubois: A Reader*. Nova York: Holt Paperbacks, 1995. Ver também Frantz Fanon, *Os condenados da Terra*, trad. bras. de José Laurênio de Melo. Rio de Janeiro: Civilização brasileira, 1968, que utiliza a filosofia europeia como uma arma contra a hegemonia europeia (branca), interpretando a dialética do senhor e do escravo tanto social (recorrendo a Marx) quanto psicoanaliticamente (recorrendo a Freud), no esforço de teorizar a necessidade da luta violenta pelas nações do Terceiro Mundo para superar a sujeição colonial, rejeitar o humanismo hipócrita da Europa e alcançar igual reconhecimento nos termos de seus próprios valores culturais. O martinicano Fanon talvez tenha sido quem mais perto chegou de perceber a conexão entre Hegel e o Haiti, mas não era essa a sua preocupação.

9

Uma das principais razões para essa omissão é certamente a apropriação marxista de uma interpretação social da dialética hegeliana. Desde a década de 1840, com os escritos de juventude de Karl Marx, a luta entre o senhor e o escravo vem sendo abstraída da referência literal e lida novamente como uma metáfora — dessa vez para a luta de classes. No século XX, essa interpretação hegeliano-marxista teve poderosos proponentes, incluindo Georg Lukács e Herbert Marcuse, assim como Alexandre Kojève, cujas conferências sobre *A fenomenologia do espírito* foram uma brilhante releitura dos textos de Hegel por meio de uma lente marxiana.[1] O problema é que marxistas (brancos), dentre todos os leitores, eram os menos propensos a considerar a escravidão real como algo significativo, uma vez que, em sua concepção etapista da história, a escravidão — não importando o quão contemporânea — era vista como uma

---

1 A leitura de Hegel por Kojève é fenomenológica de tal modo (heideggeriano) que a destaca dos marxistas mencionados anteriormente, pois aborda a dialética do reconhecimento como um problema existencial-ontológico, não como uma lógica de etapas históricas. Kojève conecta a discussão de Hegel com a escravidão antiga e os escritos de Aristóteles, ao mesmo tempo que torna visível sua forma moderna na estrutura da luta de classes.

instituição pré-moderna, banida da história e relegada ao passado.[2] Mas somente se presumirmos que Hegel estava contando uma história que se esgotava na Europa, na qual a "escravidão" seria uma vetusta instituição mediterrânea há muito abandonada, é que uma tal leitura se torna ao menos remotamente plausível — remotamente porque, mesmo na própria Europa de 1806, a servidão por dívidas e a servidão fundiária ainda não haviam desaparecido e as leis que consideravam tolerável a escravidão propriamente dita ainda estavam sendo contestadas.[3]

Há um elemento de racismo implícito no marxismo oficial, ao menos por conta da concepção da história como uma progressão teleológica. Algo que se explicitava quando marxistas (brancos) resistiam à tese de inspiração marxista do historiador jamaicano Eric Williams em *Capitalism and Slavery* [capitalismo e escravidão] (1944) — secundada pelo historiador marxista trinidadiano C. L. R. James em *The Black Jacobins* [os jacobinos negros] — de que a escravidão das *plantations* era uma instituição quintessencialmente

---

2 Ver os trabalhos do historiador Eugene Genovese (por exemplo, *The Political Economy of Slavery: Studies in the Economy and Society of the Slave South*. Londres: Wesleyan Paperback, 1965), para um exemplo claro dessa abordagem marxista da escravidão moderna.

3 Ver cap. 3 nota 9. A libertação dos servos prussianos (decretada de cima para baixo) aconteceria um ano após a publicação da *A fenomenologia do espírito*. Os dinamarqueses, em 1804, foram os primeiros a abolir o tráfico de escravos, três anos antes dos britânicos, que aboliram a escravidão em 1831; a França o fez definitivamente em 1848; a Rússia (e os Estados Unidos) somente em 1861 — mas os abolicionistas britânicos consideravam o czar Alexandre I um aliado, por ter convencido o Concerto da Europa a desencorajar os franceses do esforço de reconquistar o Haiti. Thomas Clarkson encontrou o czar no Congresso de Aix-la-Chapelle (1818) e "apresentou-lhe uma carta do rei do Haiti (Henri Christophe) para que suas habilidades lhe causassem uma boa impressão" (Geggus, "Haiti and the Abolitionists" op. cit., p. 120).

moderna de exploração capitalista.[4] No que se refere à literatura hegeliana especializada, Ludwig Siep e outros criticaram justificadamente a leitura marxista de Hegel sob a ótica da luta de classes como algo anacrônico. O resultado disso entre os filósofos, entretanto, tem sido uma tendência a se afastar completamente da contextualização social.[5] A interpretação de Hegel com base na luta de

4   A segunda edição revista de *Os jacobinos negros* de James, em 1962, sustenta especificamente a tese de que a existência escrava nas colônias era, "essencialmente, uma vida moderna" (James, op. cit., p. 345). Essa posição havia sido defendida também por Dubois: "Os escravos negros na América experimentavam as piores e mais baixas condições entre todos os trabalhadores *modernos*" (Dubois, *Black Reconstruction in America: An Essay toward a History of the Part Which Black Folk Played in the Attempt to Reconstruct Democracy in America, 1860-1880*. Nova York: Free Press, 1977, p. 9, grifos da autora). Quando se trata das interpretações de Hegel, no entanto, a maioria dos estudiosos negros acataram as etapas históricas do discurso europeu.

5   Alex Honneth é representativo nesse caso, quando conclui que a leitura marxiana de extração social do reconhecimento mútuo em Hegel é "altamente problemática" em seu acoplamento da antropologia expressiva dos românticos (trabalho) com o conceito feuerbachiano de amor e com a economia nacional inglesa (Axel Honneth, *The Struggle for Recognition: The Moral Grammar of Social Conflicts*, trad. ing. de Joel Anderson. Cambridge: MIT Press, 1995, p. 147). Note que a interpretação de Ludwig Siep destaca o afastamento de Hegel em relação a Hobbes com o recurso à dialética do senhor e do escravo, uma leitura que na verdade favorece o argumento que apresento aqui. Ver Ludwig Siep, *Anerkennung als Prinzip der praktischen Philosophie: Untersuchungen zur Hegels Jenaer "Philosophie des Geistes"*, Freiburg: Felix Meiner, 1979; ver também o influente artigo de Siep "The Struggle for Recognition: Hegel's Dispute with Hobbes in the Jena Writings", in *Hegel's Dialectic of Desire and Recognition*, op. cit., pp. 273-288. As discussões atuais da dialética do senhor e do escravo (Gilles Deleuze, Jacques Derrida e Judith Butler) confrontam a leitura de Kojève com a visão de Nietzsche sobre senhor e escravo, mudando assim a importância social do debate. Nietzsche critica como "mentalidade de escravos" a postura daqueles que se submetem ao Estado e a suas leis — as instituições que Hegel afirmava serem a encarnação do reconhecimento mútuo e, por decorrência, da liberdade concreta.

classes é realmente anacrônica; mas isso deveria ter levado os intérpretes a olhar mais de perto os eventos históricos contemporâneos de Hegel, e não a abandonar inteiramente a interpretação social.

A literatura de orientação marxista lançou luz, porém, sobre todo um campo de questões levantadas por Hegel que haviam permanecido completamente negligenciadas até o século xx. Isso se refere ao fato de que, em 1803, Hegel leu a *Riqueza das nações* de Adam Smith e isso o levou a uma concepção da sociedade civil — *die bürgerliche Gesellschaft* — como economia moderna, a sociedade criada pelas ações de troca burguesa. Mas se os marxistas foram provocados pela citação feita por Hegel do exemplo de Smith da fábrica de alfinetes na discussão da divisão do trabalho (que de modo algum se encaixa no modelo da dialética do senhor e do escravo!), deixaram de comentar o fato de que Smith incluiu uma discussão econômica da escravidão moderna na *Riqueza das nações*.[6]

Há muito que se reconhece que a compreensão de Hegel sobre a política era moderna, baseada numa interpretação dos eventos da Revolução Francesa como uma ruptura decisiva em relação ao passado, e que, mesmo sem a mencionar expressamente, ele se referia à Revolução Francesa em *A fenomenologia do espírito*.[7] Por que seriam apenas dois os sentidos em que Hegel teria sido um modernista: adotando a teoria econômica de Adam Smith e a Revolução

6   Ver Adam Smith, *An Inquiry into the Nature and Causes of the Wealth of Nations*. Homewood: The Dorsey Press, 1979, livro 4, cap. 7, pp. 105-175, para discussões sobre a escravidão colonial e o tráfico de escravos.

7   Até mesmo especialistas que discordam em outros pontos concordam quanto a isso (por exemplo, Jean Hyppolite, *Genesis and Structure of Hegel's "Phenomenology of Spirit"*, trad. ing. de John Heckman. Evanston: Northwestern University Press, 1979; Michael Forster, *Hegel's Idea of a Phenomenology of Spirit*. Chicago: University of Chicago Press, 1998). Ver também Manfried Riedel, *Between Tradition and Revolution: The Hegelian Transformation of Political Philosophy*, trad. ing. de Walter Wright. Nova York: Cambridge University Press, 1984.

Francesa como modelo para a política? E, mesmo assim, quando se tratava da escravidão — a mais candente questão social de seu tempo, com rebeliões escravas por todas as colônias e uma vitoriosa revolução escrava na mais rica entre todas elas, — por que deveria, ou melhor, como *poderia* Hegel se manter de tal modo fixado em Aristóteles?[8]

Sem dúvida alguma, Hegel sabia dos escravos reais e de suas lutas revolucionárias. Naquilo que talvez seja a mais política expressão de sua carreira, ele recorreu aos sensacionais eventos do Haiti como o pilar de sua argumentação em *A fenomenologia do espírito*.[9] A revolução real e vitoriosa dos escravos caribenhos contra seus senhores é o momento em que a lógica dialética do reconhecimento se torna visível como a temática da história mundial, a história da realização universal da liberdade. Se o editor de *Minerva*, Archenholz, relatando a história à medida que acontecia, não chegou a sugerir isso ele mesmo nas páginas de seu periódico, Hegel, leitor deles de longa data, foi capaz de ter essa visão. A teoria e a realidade convergiram nesse momento histórico. Ou, para

---

8   Compare com o comentário de Schelling: "Quem há de querer se enterrar no pó da antiguidade quando o movimento de *seu próprio* tempo não o cessa de revirar e impelir adiante?" (Schelling, carta a Hegel de 5 de janeiro de 1795). Na época da Revolução Francesa, os antigos eram uma função discursiva do *presente*, não uma maneira de relegar o presente ao passado. Aristóteles caminhava entre os vivos como um seu contemporâneo.

9   É relevante aqui o argumento de Theodor Haering no Congresso Hegel de 1933 em Roma, cuja investigação da elaboração de *A fenomenologia do espírito* o levou à "surpreendente" conclusão de que o livro *não* é orgânica ou cuidadosamente composto, de acordo com um plano, mas uma série de súbitas decisões, tomadas sob pressões internas e externas num intervalo de tempo quase inimaginável de tão breve — o verão de 1806, para ser mais preciso; ver Pöggeler, *Hegels Idee einer Phänomenologie des Geistes*, op. cit., p. 193. As observações de Haering são compatíveis com a argumentação que apresento aqui.

colocar em termos hegelianos, o racional — liberdade — se tornou real. Esse é o ponto crucial para a compreensão da originalidade da argumentação de Hegel, por meio da qual a filosofia explodiu os confinamentos da teoria acadêmica e se tornou um comentário sobre a história do mundo.

10

Haveria muita pesquisa a ser feita. Outros textos de Hegel teriam de ser lidos com a conexão haitiana em mente.[1] Por exemplo, a seção de *A fenomenologia do espírito* em que Hegel critica a pseudo-ciência da frenologia ganha um sentido diverso se for vista como uma crítica às teorias do racismo biológico já estabelecidas.[2] Da

---

1   O escrúpulo filológico que se encontra, por exemplo, no trabalho de Norbert Waszek sobre a leitura de Hegel do iluminismo escocês oferece um modelo de estudo que lançou luz sobre a recepção de Smith por Hegel de um modo que mudou fundamentalmente nossa compreensão da filosofia hegeliana da sociedade civil; ver Norbert Waszek, *The Scottish Enlightenment and Hegel's Account of "Civil Society"*. Boston: Springer, 1988. Também precisamos de pesquisas não apenas sobre *Minerva*, mas sobre outros periódicos e livros alemães que discutiram os eventos de Saint-Domingue. Ver o trabalho paradigmático de Schüller, *Deutsche Rezeption haitianischer Geschichte in der ersten Hälfte des 19*, op. cit.

2   As seções que se seguem a "Senhorio e Servidão", intituladas "Estoicismo", "Ceticismo" e "A Consciência Infeliz", podem ser concebidas como referên-cias não a diferentes etapas da história (como argumentou Rosenkranz em *Hegels Leben*, op. cit., p. 205), mas a diferentes modalidades de pensamento sobre a realidade efetiva da escravidão. No que se refere à longa seção de crítica à fisionomia e à frenologia (ver Hegel, *A fenomenologia do espírito*, op. cit., pp. 197-221), Tavares, que foi o primeiro a quebrar o silêncio sobre Hegel e o Haiti, considera impressionante que os comentadores de Hegel

mesma forma que a referência de Hegel, na *Propedêutica filosófica* (1803–1813), a Robinson Crusoé — referência que insiste em associar esse protótipo de homem no "estado de natureza" (o náufrago numa ilha caribenha) a Sexta-Feira, seu escravo — é uma crítica implícita à versão individualista de Hobbes para o estado de natureza.[3] As primeiras conferências de Hegel sobre a filosofia do direito (Heidelberg, 1817–1818) contêm uma passagem que agora se torna plenamente legível. Começa com o tópico crucial da autolibertação do escravo:

> Mesmo que tenha nascido escravo [*Sklave*], que tenha sido alimentado e criado por um senhor, que meus pais e antepassados tenham sido todos escravos, ainda assim sou livre no momento em que o quiser ser, em que me torno consciente de minha liberdade. Pois a personalidade e a liberdade da minha vontade são partes essenciais de mim, da minha personalidade.[4]

"jamais tenham inscrito (essa) crítica [...] no quadro do debate colonial" (Tavares, "Hegel et l'abbé Grégoire", op. cit., p. 168). Apesar de os organizadores tanto da edição alemã como da edição inglesa de *A fenomenologia do espírito* afirmarem que Hegel, ao mesmo tempo que evitava mencionar seus nomes, estava se referindo aos trabalhos do anatomista Franz Joseph Gall e do fisionomista Johann Kaspar Lavater, nenhum deles chega a fazer, porém, referência ao racismo inerente às teorias de ambos. Contra a anatomia cranial comparativa de Gall, Hegel afirma que "o espírito não é um osso" e, por decorrência, argumenta Tavares, não diz respeito à cor da pele (ibid., p. 167).

3   Próximo ao sumário da relação senhor-escravo na *Propedêutica filosófica*, Hegel assinala entre parênteses: "História de Robinson Crusoé e Sexta-Feira". Ver a glosa desse comentário em Paolo Guietti, "A Reading of Hegel's Master/Slave Relationship: Robinson Crusoe and Friday" in *Owl of Minerva* nº 25. Spartanburg: The Journal of the Hegel Society of America, 1993, pp. 48-60.

4   Hegel, *Die Philosophie des Rechts: Die Mitschriften Wannenmann (Heidelberg 1817/18) und Homeyer (Berlin 1818/19)*, organizada por Karl Ilting. Stuttgart: Klett-Cotta, 1983, p. 55.

Hegel continua: mesmo que liberdade signifique ter direitos de propriedade, a posse de outra pessoa é excluída — "e se eu mandar açoitar alguém, isso não afeta sua liberdade".[5] É claro que Hegel está falando nesse caso da escravidão moderna, e é claro que a consciência da liberdade de alguém exige que esse alguém *se torne* livre, não apenas em pensamento, mas *no mundo*. A nova versão dessas conferências proferidas por Hegel em seu primeiro ano em Berlim (1818–1819) conectaram explicitamente a libertação do escravo com a realização histórica da liberdade: "Que o homem se torne livre, disso faz parte, portanto, um mundo livre. Que não haja escravidão [*Sklaverei*] é a exigência ética [*die sittliche Forderung*]. Essa exigência somente é satisfeita quando aquilo que um ser humano deve ser aparece como o mundo exterior que ele torna seu."[6] Não teríamos razão para partilhar da perplexidade do editor dessas conferências, que sublinhou, em 1983, que Hegel "falava de escravos de modo surpreendentemente frequente".[7] E consideraríamos uma confirmação (ainda que outros sequer chegaram a perceber) de que Hegel, em sua obra tardia, *A filosofia do espírito subjetivo*, menciona expressamente a Revolução Haitiana.[8]

---

5   Ibid, p. 228.

6   Ibid.

7   Notas da edição de Ilting às notas de Heidelberg de Wannenmann, ibid., p. 295, nota 69.

8   *A filosofia do espírito* de Hegel (parte 3 da *Enciclopédia* [1830]) é um documento crucial, especialmente as seções "Antropologia" e "Fenomenologia"; contém as consequências das conferências de Hegel sobre a filosofia da história, com seu preconceito contra a cultura africana e mais afirmações racistas sobre negros; contém também uma descrição mais extensa sobre a dialética do senhor e do escravo do que aquela encontrada em *A fenomenologia do espírito*, de 1807. Aqui, *Sklave* e *Knecht* ainda são utilizados de modo indiferente; aqui, a trajetória histórica é codificada, com a escravidão europeia se referindo aos antigos; aqui, a luta até a morte ainda é necessária: "assim, é preciso *lutar* pela liberdade [...] colocar a própria vida, assim como

Seria também revelador revisitar o argumento apresentado pelo filósofo francês Jacques d'Hont, segundo o qual Hegel estava ligado à maçonaria radical durante esses anos, pois a maçonaria faz parte de nossa história a todo momento.[9] Não apenas Archenholz, o editor de *Minerva*, era maçom, juntamente com seus correspondentes regulares, Konrad Engelbert Oelsner (que se encontrou com Hegel em 1794) e Georg Forster (cuja obra foi comentada por Hegel), assim como muitos outros dentre os contatos intelectuais de Hegel;[10] não apenas o capitão inglês Rainsford, autor do livro

---

a dos outros, *em perigo*", enquanto os negros "são vendidos e se permitem vender sem qualquer reflexão sobre se isso é certo ou errado". E ainda: "Não se pode dizer que sejam ineducáveis, pois não somente chegaram a aceitar ocasionalmente o cristianismo com a maior gratidão [...] como também chegaram a formar, no Haiti, um Estado baseado em princípios cristãos" (Hegel, *A filosofia do espírito*, trad. bras. de Paulo Meneses. São Paulo: Loyola, 1995, 3:57, §431, 2:53, 55, §393).

9   Ver d'Hont, *Hegel Secret*, op. cit. Esse livro oferece o argumento original de que o Hegel "secreto" se revela em suas conexões com a maçonaria radical (ao mesmo tempo, d'Hont não menciona Saint-Domingue).

10 D'Hont afirma que Archenholz pertencia aos maçons desde a década de 1760; ver ibid., p. 12; ver também Ruof "Haiti and the Abolitionists..." op. cit., p. 11, e Rieger, *Johann Wilhelm von Archenholz as "Zeitbürger"*. Berlim: Duncker & Humblot, 1994, p. 176n. Ver d'Hont, pp. 23-29, para a discussão sobre *Minerva* como uma publicação maçônica, que incluía artigos da politicamente radical e cosmopolita *Chronique des mois*, "o que havia de mais girondino e mais maçônico no pensamento francês [...] É o espírito de Condorcet [fundador da *Chronique*] e Brissot que se insinuam em *Minerva*, que, afirma ele, estava nas mãos de Hegel, Schiller e Hölderlin em seus tempos de estudante" (p. 8). D'Hont arrola como maçons no "círculo" de Hegel, Georg Forster (cujos escritos sobre a Revolução Francesa foram selecionados por Hegel quando esteve em Berna); Konrad Engelbert Oelsner (cujo encontro com Hegel em Berna [ver acima] pode ter sido facilitado por meio de conexões maçônicas); assim como Wieland, Körner, Sömmering, Campe, Garve e Gleim; também Johann Samuel Ersch, historiador literário, amigo e colaborador de Archenholz, que esteve em Jena

sobre a história da independência haitiana — do qual um capítulo fora publicado em *Minerva* em 1805[11] — era também maçom, como a maçonaria foi (e aqui o relato de d'Hont silencia) um fator crucial no levante de Saint-Domingue.

Não era incomum que filhos "mulatos" de fazendeiros coloniais brancos (não sendo raro que suas mães fossem legalmente casadas com os pais) fossem levados de volta à França para receberem sua educação. E é notável que as lojas dos radicais maçons franceses fossem espaços igualitários nos quais a segregação racial, religiosa e mesmo sexual podia ser superada, ao menos temporariamente.[12] Polverel, o homem que dividiu com Sonthonax tanto o posto

---

ao mesmo tempo que Hegel (Archenholz considerou transferir sua revista para essa cidade em 1800, mas, em lugar disso, Ersch se mudou para Halle; ver Hegel, carta a Schelling, 16 de agosto de 1803); também Johann Friedrich von Cotta, editor de Hegel e seu amigo de 1802 até o fim de sua vida. D'Hont ressalta que os historiadores de Hegel negligenciaram a influência de *Minerva* sobre ele porque, "sem dúvida", isso os desagradava; mas ele se impressiona com "a extrema discrição do próprio Hegel" no que dizia respeito à maçonaria, que d'Hont explica ter sido necessária, por conta da censura e da polícia (p. 9).

11 Ver Rainsford, "Toussaint Louverture. Eine historische Schilderung für die Nachwelt" in *Minerva* nº 56 (1805), pp. 276-298, 392-408. Ver Geggus, "British Occupation of Saint Domingue, 1793-98" op. cit., para a conexão maçônica de Rainsford.

12 Sabia-se que lojas maçônicas francesas locais incluíam negros, muçulmanos, judeus e mulheres — apesar de que a *loge anglaise* de Bordeaux excluíssem judeus e atores; ver J. M. Roberts, *The Mythology of the Secret Societies*. Londres: Watkins, 1972, p. 51. "Lojas [maçônicas] em toda a França eram os únicos lugares onde franceses, independente de classe, ocupação ou religião, encontravam-se em igualdade de posições, animados por um espírito de unidade. Em lugar do velho espírito de classe, que anteriormente mantivera unidos todos os nobres da França, a maçonaria organizava uma confraria que incluía todas as classes e raças" (Bernard Fay, *Revolution and Freemasonry, 1680-1800*. Boston: Little, Brown and Co., 1935, p. 224).

de comissário em Saint-Domingue como a responsabilidade por declarar a abolição da escravatura na colônia em 1793, havia sido maçom em Bordeaux na década de 1770,[13] um período em que um número surpreendente de jovens mulatos que posteriormente se tornariam líderes da revolta em Saint-Domingue também se encontravam nessa cidade portuária do circuito do comércio de escravos.[14] Dois desses jovens, Vincent Ogé e Julien Raimond, formados na França como advogados, pronunciaram-se em favor dos direitos dos mulatos no primeiro ano da Revolução Francesa. Sua falta de sucesso os movèu em direções bem diferentes. Com o apoio dos *Amis des Noirs* e com prováveis conexões maçônicas, assim como abolicionistas, tanto em Londres como na Filadélfia, Ogé voltou à colônia em 1790 para liderar uma revolta de mulatos livres por direitos civis; derrotado, foi torturado e executado pela corte colonial no ano seguinte.[15] Raimond foi nomeado

13   O nome de Etienne de Polverel está ligado a duas lojas em Bordeaux, *L'Amitié* e *L'Harmonie sous Directoire Écossais*. Sonthonax não era maçom (mas era membro dos *Amis des Noirs*). Polverel havia escrito dois dias antes da abolição: "Por muito tempo a raça africana tem sofrido a calúnia que afirma que, sem a escravidão, seus membros jamais se acostumariam ao trabalho. Permitam-me tentar contradizer esse preconceito, não menos absurdo que aquele da aristocracia de cor [...]. Não haverá senão irmãos, republicanos, inimigos de todo tipo de tirania — monarquia, nobreza ou sacerdócio" (Jacques de Cauna, "Polverel et Sonthonax, deux voies poir l'abolition de l'esclavage" in *Léger-Félicité Sonthonax*, op. cit., pp. 51-52). Essa ênfase sobre a virtude do trabalho era um valor maçônico, manifesto na importância alegórica central do ofício de "pedreiro" [*maçom*].

14   Justamente durantes esses anos (1802-1804), Bordeaux chegou a ultrapassar Nantes na liderança do comércio triangular de escravos e açúcar. Ver Éric Saugera, *Bordeaux, port négrier*. Paris: Karthala, 1995.

15   Blackburn relata que Ogé, procurando "promover direitos dos mulatos perante a Assembleia Nacional [em Paris] [...] retornou à colônia via Londres, onde levantou fundos junto a Clarkson e à Sociedade Abolicionista. Ogé também visitou os Estados Unidos, onde comprou armas. Essas

comissário colonial pelo governo francês em 1796 e trabalhou em estreita proximidade, primeiro com Sonthonax e em seguida com Toussaint, a quem ajudou a redigir a constituição de 1801. Um terceiro mulato bordelês, André Rigaud, lutou com o exército francês na Guerra de Independência Americana e foi, depois de Toussaint (que se tornou seu rival), provavelmente o mais importante general na luta dominguense contra os britânicos na década de 1790.[16] Um quarto foi Alexandre Pétion, que lutou ao lado de Dessalines contra os franceses, tornando-se presidente da república haitiana que foi estabelecida no sul da ilha após o assassinato de Dessalines em 1806. O presidente Pétion encorajou Simón Bolívar a exigir a abolição da escravatura na luta latino-americana pela independência, na qual a maçonaria também desempenhou um papel decisivo. O historiador De Cauna escreveu a respeito desse ilustre grupo de líderes dominguenses: "Seria interessante investigar se eles também teriam feito parte das lojas maçônicas de Bordeaux. Essa pesquisa ainda está por ser feita."[17] Além disso, não podemos ficar cegos à possibilidade de influência recíproca, de que os próprios sinais secretos da maçonaria podem ter sido afetados pelas práticas rituais dos escravos revolucionários de Saint-Domingue. Existem referências intrigantes ao vodu

———

viagens parecem ter sido facilitadas por conexões maçônicas" (Blackburn, *The Overthrow of Colonial Slavery* op. cit., p. 182).

16 James nos conta que Rigaud, "um mulato legítimo, ou seja, o filho de um branco com uma negra", fora bem educado em Bordeaux e aprendera o ofício de ourives. Alistou-se como voluntário no exército francês que combateu na Guerra de Independência Americana (James, *Os jacobinos negros*, op. cit., p. 101).

17 De Cauna, "Polverel et Sonthonax", op. cit., p. 49. Da declaração de Sonthonax: "Todos os negros e todos aqueles de sangue misto atualmente no cativeiro são declarados livres para desfrutar de todos os direitos associados ao título de cidadão francês" (Dorigny, "Léger-Félicité Sonthonax et la première abolition de l'esclavage", op. cit., p. 3).

— o culto secreto dos escravos dominguenses que gerou o maciço levante de 1791 — como "uma espécie de maçonaria religiosa e cerimonial".[18] Sabemos muito pouco sobre a maçonaria no Atlântico negro/pardo/branco, um capítulo de relevo na história da hibridez e da transculturação. [figuras 7 a 14]

18 Joan Dayan, *Haiti, History, and the Gods*. Berkeley: University of California Press, 1995, p. 151. Dayan assinala ainda: "(O padre) Cabon sugere que os negros podem muito bem ter percebido que 'confabulações' brancas tinham muito em comum com o vodu: 'De alguma forma, antes dos eventos do mês de agosto de 1791, éramos levados a ver algum tipo de maçonaria de negros em certas manifestações de suas atividades'" (p 251). Ver também a narrativa ficcional histórica do romancista cubano Alejo Carpentier, *O século das luzes* (1982), que inclui a figura de Ogé e fala explicitamente das conexões maçônicas.

"A coruja de *Minerva* somente alça seu voo com a chegada do crepúsculo."[1] Essa citada máxima extraída das conferências de Hegel sobre *A filosofia da história* (1822), que pode muito bem ter sido uma referência ao periódico *Minerva*, na verdade marca um recuo da política radical de *A fenomenologia do espírito* — um recuo, porém, cuja extensão quanto à posição do autor sobre a Revolução Francesa há muito tem sido objeto de debate.[2] Mas, ao menos no que diz respeito à abolição da escravatura, é evidente o recuo de Hegel em relação ao radicalismo revolucionário.[3]

[1] Hegel, *Grundlinien der Philosophie des Rechts*. Leipzig: Meiner, 1821 (o prefácio, de onde é extraída a citação, é datado de 25 de junho de 1820), p. 17).

[2] Ver d'Hont, *Hegel et les Français*. Hildesheim: G. Olms, 1998. No final da *Filosofia da história*, Hegel ainda era capaz de falar da Revolução Francesa como "um glorioso amanhecer". E mesmo assim criticava o Terror como "a mais terrível tirania. Ela exerce o seu poder sem formas judiciais, e a sua punição é igualmente simples — a morte. Essa tirania fatalmente sucumbiu; pois todas as inclinações, todos os interesses e a própria racionalidade eram contrários a essa terrível e consistente liberdade, que se manifestava fanaticamente em sua concentração" (Hegel, *Filosofia da história*, trad. bras. de Maria Rodrigues e Harden. Brasília: Editora da UNB, 1999, pp. 368-369).

[3] Num esboço da *Lógica* de 1830, Hegel destacou sumariamente que a "razão genuína por que já não existem escravos na Europa cristã não precisa ser

Notoriamente condenando a cultura africana à pré-história e culpando os próprios africanos pela escravidão no Novo Mundo, Hegel repetia o argumento banal e apologético de que os escravos viviam em condições melhores nas colônias do que em suas pátrias africanas, onde a escravidão era "absoluta",[4] e corroborava o gradualismo: "A escravidão é, em si e por si, *injusta*, pois a essência humana é liberdade. Mas para chegar à liberdade o homem tem

---

buscada senão no próprio princípio do cristianismo. A religião cristã é a religião da absoluta liberdade e somente para os cristãos o homem conta como tal, em sua infinitude e universalidade. O que falta ao escravo é o reconhecimento de sua personalidade; mas o princípio da personalidade é a Universalidade" (Hegel, *The Encyclopaedia Logic (with the Zusätze)*, trad. ing. de T. F. Geraets, W. A. Suchting e H. S. Harris. Indianápolis: Hackett, 1991, pp. 240-241). Ele parece se referir ao protestantismo nesse caso (o que, em suas conferências sobre a filosofia da história, ele chama de mundo germânico moderno). Hegel era consistentemente crítico das dependências hierárquicas favorecidas pelo catolicismo (o mundo "romano"); ele pode não ter dado as boas vindas à Concordata francesa com o Vaticano em 1801. E, de fato, ele pode ter visto o fracasso pós-revolucionário do Haiti como consequência, em parte, do catolicismo, que era a religião oficial tanto no norte como no sul do país. Na *Filosofia da história*: "Aqui, é preciso declarar pura e simplesmente que não é possível uma constituição sensata com a religião católica"; "Napoleão não pôde forçar a liberdade na Espanha, assim como Filipe II não pôde forçar a escravidão na Holanda" (op. cit., pp. 367, 370).

4   Compare Hegel, *Die Vernunft in der Geschichte*. Hamburgo: Felix Meiner, 1955, p. 225. A tradução de Sibree acompanha a edição de Karl Hegel; Hoffmeister acompanha a de Georg Lasson. Comparo as edições alemã e inglesa por razões expostas na nota 11 abaixo. A edição de Hoffmeister prossegue nesse ponto: "Em todos os reinos africanos com os quais os europeus travaram contato, a escravidão é indígena [...] Está geralmente na base da escravidão que uma pessoa ainda não tenha consciência de sua liberdade, tornando-se, assim, um objeto, algo sem valor. A lição que extraímos daí, e que é a única que nos interessa, é que o estado de natureza (isto é, antes do estabelecimento de um Estado racional [*vernünftiger Staat*]) é um estado de injustiça" (pp. 225-226).

que amadurecer. Portanto, a abolição progressiva da escravidão é algo mais apropriado e correto do que sua abrupta anulação."[5] Essa postura não era, no entanto, a mais surpreendente em suas conferências. Pelo contrário, era o brutal esmero com que eximia toda a África subsaariana, essa "terra de crianças", de "barbárie e selvageria", de qualquer relevância para a história mundial, devido ao que ele considerava serem as deficiências do "espírito" africano.[6]

Seria essa mudança simplesmente uma parte do conservadorismo mais geral de Hegel durante os anos em Berlim? Ou estaria ele, novamente, reagindo aos acontecimentos da época? O Haiti estava novamente nas manchetes durante as primeiras décadas do século XIX, febrilmente discutido por abolicionistas e seus oponentes na imprensa britânica, incluindo a *Edinburgh Review*, que temos certeza que Hegel lia à época.[7]

---

5 Hegel, *Filosofia da história*, op. cit., p. 88. Compare com Hegel *Die Vernunft in der Geschichte* op. cit., p. 226.

6 "Nessa parte principal da África não ocorre propriamente nenhuma história. Não há aí nenhum fim, nenhum Estado. Existem apenas acidentes ou surpresas que se sucedem. Não há objetivo, nenhum estado digno de observação, nenhuma subjetividade, mas apenas uma série de sujeitos que se destroem uns aos outros" (Hegel, *Die Vernunft in der Geschichte* op. cit, pp. 216-217). Hegel cita Heródoto, implicando que nada havia mudado ao longo dos séculos: "Na África, todos são feiticeiros"; e repete a história dos africanos como "adoradores de fetiches" que já se encontrava em Charles de Brosses, o contemporâneo iluminista de Voltaire (ibid., pp. 220-222; compare com Hegel *Die Vernunft in der Geschichte* op. cit., p. 94).

7 Hegel era um leitor assíduo da *Edinburgh Review* entre 1817 e 1819, como sabemos com base em seus excertos dessa revista; ver Norbert Waszek (org.), "Hegels Exzerpte aus der 'Edinburgh Review' 1817-1819" in *Hegel-Studien* nº 20. Bonn: Meiner, 1985, pp. 79-112. E, na década de 1829, lia o britânico *Morning Chronicle*; ver M. J. Petry, "Hegel and 'The Morning Chronicle'" in *Hegel-Studien* nº 11. Bonn: Meiner, 1976, pp. 14-15. A despeito dos excertos preservados não tratarem do Haiti, é evidente que Hegel estava exposto a essa nova fase do debate sobre o Haiti numa época em que "a liberal

No contexto da pressão contínua pela abolição da escravatura, os acontecimentos no Haiti — o "grande experimento" — eram monitorados incessantemente e evocavam censuras crescentes, mesmo de seus antigos defensores.[8] No centro da discussão, estava a suposta brutalidade do rei Henri Christophe[9] e o declínio da

Edinburgh Review contrapunha a cruel tirania de Christophe ao governo virtuoso e constitucional de Pétion" (Geggus, "Haiti and the Abolitionists" op. cit., p. 122). O Haiti era novamente um tópico também em *Minerva*, que, em 1819, publicou em tradução alemã amplas seções da "imparcial" história escrita pelo general Pamphile de Lacroix sobre a Revolução Haitiana e os governos pós-revolucionários; ver Schüller, *Deutsche Rezeption haitianischer Geschichte in der ersten Hälfte des 19*, op. cit., p. 256.

8   "Nos anos 1820, os abolicionistas britânicos passaram a se associar com o reino setentrional [de Christophe], enquanto seus correligionários franceses desenvolveram laços com o sul republicano [de Pétion] [...]. A divisão foi reforçada por uma série de fatores: as preferências políticas dos franceses [uma vez que os únicos abolicionistas franceses interessados no Haiti, Grégoire e Lafayette, eram republicanos]; a preferência britânica pela monarquia; as inclinações culturais dos mulatos, muitos dos quais tinham pais que haviam sido educados na França, enquanto Christophe [...] havia nascido numa colônia britânica, [...] Wilberforce [o abolicionista britânico] professava neutralidade no assunto" (Geggus "Haiti and the Abolitionists" op. cit., p. 122).Mantinha, porém, conexões pessoais com Christophe, a quem escreveu alertando sobre a cobertura negativa da imprensa europeia. Wilberforce contara a Macaulay em 1817: "Jamais trabalhei tão duro quanto em minhas cartas haitianas" (ibid., p. 123); ao mesmo tempo, Christophe "escrevia provocativamente sobre como gostaria de ver seus compatriotas convertidos ao cristianismo protestante, abandonando um catolicismo cujos sacerdotes eram corruptos e cuja igreja defendia a escravidão [...]. Wilberforce respondeu enviando obras sobre moralidade, bíblias em inglês e francês, um manual de economia política e histórias dos jesuítas e da Inquisição" (ibid., pp. 123-124).

9   O "escândalo dos parafusos" de 1817 gerou notícias de que "um comerciante britânico no Haiti, suspeito de ser um agente da República, foi torturado por ordem de Christophe" (ibid., p. 125).

produtividade na ilha sob o sistema de trabalho assalariado (aqui seria o momento adequado para uma crítica marxista).[10] Não há registros que confirmem se esses debates levaram Hegel também a reconsiderar o "grande experimento" do Haiti. O que é claro, no entanto, é que, num esforço para se tornar mais erudito nos estudos africanos durante a década de 1820, Hegel na verdade estava se tornando mais tolo.

10 Os avanços no Haiti se adiantavam à Europa ao evidenciar a inadequação da igualdade política que não atacasse a desigualdade econômica. Os documentos que asseguravam a liberdade aos escravos em Saint-Domingue em 1794 foram criticados como algo oco, uma vez que não questionavam os direitos de propriedade dos grandes proprietários de terra, enquanto as pequenas roças que *costumavam* ser reservadas ao cultivo dos escravos já não eram consideradas necessárias: mesmo que "ninguém tenha o direito de exigir que você trabalhe um único dia contra sua vontade", a terra pertence de direito àqueles que a herdaram ou compraram, de modo que os ex-escravos precisavam trabalhar, pois "a única maneira de satisfazer [suas] necessidades é com o produto da terra" (Jean Fouchard, *The Haitian Maroons: Liberty or Death*, trad. ing. A. Faulkner Watts. Nova York: Edward Blyden, 1981, pp. 359-360). Na verdade, foi o sistema de política fundiária de Sonthonax (manutenção de amplas fazendas onde a disciplina militar governava os trabalhadores) que foi adaptado por Toussaint alguns anos mais tarde e generalizado pelo sucessor de Dessalines no norte, Christophe, enquanto que a proposta de distribuir as terras entre seus cultivadores — jamais realizada por Polverel — seria parcialmente implementada no sistema republicano de Pétion. Após 1823, a despeito do presidente Boyer ter dado continuidade à política de Christophe (num Haiti reunificado), a produtividade econômica não era tão alta como esperado. O *Code Rural* de Boyer, de 1826, ao mesmo tempo que reforçava as pequenas propriedades existentes, "reduzia a maioria dos haitianos [...] essencialmente à condição de escravos" (Dayan, *Haiti, History, and the Gods*, op. cit., p. 14). Um artigo escrito por Macaulay e publicado em 1827 na *Edinburgh Review* refletia uma "crescente frustração" com o "trabalho livre" no Haiti, por causa de sua reduzida produtividade; e os abolicionistas em geral deixaram de se referir ao exemplo haitiano (Geggus "Haiti and the Abolitionists" op. cit., pp. 135-136).

Hegel repetiu suas conferências sobre a filosofia da história a cada dois anos entre 1822 e 1830, adicionando material empírico obtido de sua leitura dos especialistas europeus na história mundial.[11] É tristemente irônico que, quanto melhor suas conferências refletiam o conhecimento acadêmico convencional da Europa sobre a sociedade africana, menos esclarecidas e mais preconceituosas elas se tornavam.[12]

11 As duas primeiras edições das conferências sobre a filosofia da história (1837 e 1840), editadas por Eduard Gans e Karl Hegel, não incluíam todo o material empírico sobre as culturas mundiais, no que era então, consequentemente, um volume mais delgado. Georg Lasson foi o primeiro a incluir de modo abrangente o material empírico em suas três edições, sempre mais completas (1917, 1920 e 1930). Lasson comentou em suas notas editoriais a respeito da incompetência e até mesmo da falta de escrúpulo dos editores anteriores: "É impressionante quanto material importante foi simplesmente deixado de lado pelos editores (Gans e Karl Hegel — tendo sido este último a base para a tradução inglesa de Sibree)," em violação aos princípios rigorosos da filologia (Hegel, *Die Vernunft in der Geschichte* op. cit., p. 274). Ainda assim, o próprio Lasson admite ter tido dúvidas sobre a inclusão de toda a informação etnológica que existia nos cadernos de conferência de Hegel, "quando tanto dela deve parecer obsoleto", particularmente "a essência espiritual dos habitantes da África" (ibid., p. 277). Note que o material sobre a África que aparece nas edições de Lasson (e Hoffmeister) se encontra num apêndice ("Anhang: Die Alte West-Afrika"), enquanto na edição de Karl Hegel (e na tradução de Sibree) acabou incorporada à introdução, para o que se viu reduzida de 21 para oito páginas. A edição *mais recente* das conferências de Hegel sobre a filosofia da história (1996) inclui três variantes distintas. Os editores concluíram que, a despeito de toda a controvérsia entre os editores, até o momento nenhum texto "completo" ou "principal" pode ser pretendido, "devendo restar cientificamente insatisfatória" a interpretação da filosofia da história de Hegel (Hegel, *Vorlesungen über die Philosophie der Weltgeschichte*, editada por Ilting, Karl Brehmer e Hoo Nam Seelman. Hamburgo: Felix Meiner, 1996 [1837], p. 530).

12 A dialética do senhor e do escravo se torna alegórica nos escritos de Hegel, uma metáfora para qualquer relação de dependência, não apenas a luta de

vida e morte, mas, com a mesma frequência, aquelas que supostamente já teriam sido superadas. Alguns exemplos: Na *Enciclopédia* (1845), a sujeição do servo é "um momento necessário na formação [*Bildung*] de todo homem [...]. Sem essa disciplina extenuante, nenhum homem será capaz de se tornar livre e digno de comandar"; a respeito das nações: "Servidão e tirania são coisas necessárias na história dos povos"; da *Filosofia da religião*: "Não sou um dos contendores envolvidos na batalha, mas ambos, sou a própria luta, sou fogo e água" (Kelly "Notes on Hegel's 'Lordship and Bondage'" op. cit., p. 271). Foi no semestre de verão de 1825 sobre a fenomenologia do espírito que surgiu a versão do senhor e do escravo que ressalta o lado bom de ser um servo como o próprio momento de liberdade no trabalho; ver Gunzelin Schmid Noerr, *Sinnlichkeit und Herrschaft: Zur Konzeptualisierung der inneren Natur bei Hegel und Freud*. Königstein/Taunus: Scriptor Verlag, 1980, pp. 46-47.

Por que é importante encerrar o silêncio sobre Hegel e o Haiti? Diante da aceitação final de Hegel da continuidade da escravidão — e mais, diante do fato de que a filosofia da história de Hegel ofereceu por dois séculos uma justificativa para as mais complacentes formas de eurocentrismo (talvez Hegel sempre tenha sido um racista cultural, se não um racista biológico) — por que se reveste de um interesse mais do que arcano recuperar do esquecimento esse fragmento de história cuja verdade conseguiu nos escapar?

Há muitas respostas possíveis, mas uma, certamente, é o potencial de resgatar a ideia de história universal humana dos usos aos quais a dominação branca a condenou. Se os fatos históricos a respeito da liberdade podem ser extirpados das narrativas contadas pelos vencedores e recuperadas para a nossa própria época, então o projeto da liberdade universal não deve ser descartado, mas, pelo contrário, resgatado e reconstituído sobre novas bases. O momento de clareza de pensamento de Hegel teria de ser sobreposto ao de outros da época: Toussaint Louverture, Wordsworth, abade Grégoire e mesmo Dessalines. Em que pese toda a brutalidade de sua vingança contra os brancos, Dessalines foi quem viu com maior clareza a realidade do racismo europeu. E mais, o momento de Hegel teria de ser sobreposto aos momentos de clareza em ação: os soldados franceses que, enviados à colônia por Napoleão, ao ouvirem esses ex-escravos cantando a *Marselhesa*, perguntaram-se em voz alta se não estariam lutando do lado errado; o regimento polonês sob o comando de Leclerc que desobedeceu suas ordens e se recusou a afogar seiscentos dominguenses capturados.[1] Existem muitos exemplos dessa clareza e eles não pertencem com exclusividade a qualquer lado ou grupo. E se, a cada vez que a consciência dos indivíduos ultrapassasse os limites das constelações atuais de poder e percebesse o significado concreto da liberdade, *este* fosse avaliado como um momento, ainda que transitório, da realização do espírito absoluto? Quais outros silêncios teriam ainda de ser quebrados? Quais histórias *in*disciplinadas teriam ainda de ser contadas?

---

1   James, *Os jacobinos negros*, op. cit., p. 289. Dessalines, em agradecimento, e também reconhecendo aquilo que os poloneses vinham sofrendo em sua terra (referia-se apropriadamente a eles como "os negros brancos da Europa", uma vez que era impossível distinguir a servidão polonesa da escravidão), permitiu-lhes ficar no Haiti após a independência (enquanto todos os outros brancos foram impedidos pelo artigo 12 da constituição de 1805 de manter títulos de propriedade; ver Dayan *Haiti, History, and the Gods*, op. cit., p. 24, que ressalta que também foi permitido a alguns alemães e a mulheres brancas que se tivessem casado com negros permanecer). Pachoński e Wilson relatam que "a maçonaria tinha numerosos adeptos na 114ª Semibrigada [Polonesa] e estava ao mesmo tempo [...] bem enraizada em meio à população de Saint-Domingue" (Pachoński e Wilson, *Poland's Caribbean Tragedy*, op. cit., p. 309; ver também pp. 138, 283).

Sobre a autora

SUSAN BUCK-MORSS é professora de Filosofia Política e Teoria Social no Departamento de Administração Pública da Universidade Cornell e professora visitante honorária do Programa de Intelectuais Públicos da Universidade Atlântica da Flórida. É curadora do projeto artístico inSITE 2000 em Tijuana/San Diego. Escreveu, entre outros, *Dreamworld and Catastrophe: Passing of Mass Utopia in East and West* (2000) e *Dialectics of Seeing: Walter Benjamin and the Arcades Project* (1989).

Débarquement de la Flo[tte]
[Guer]re à mort entre les Français et les Noirs. Carnage horrib[le]

Française à Saint-Domingue.

...cendies, dévastations; les Français chassés de Saint-D...

Toussaint Louverture, 1805 © John Carter Brown Library, Brown University, Providence

Dados Internacionais de Catalogação na Publicação (CIP)
Vagner Rodolfo CRB-8/9410

B925h   Buck-Morss, Susan

Hegel e o Haiti / Susan Buck-Morss ; traduzido por
Sebastião Nascimento. - São Paulo : n-1 edições, 2017.
128 p. : il. ; 16cm x 23cm.

Inclui índice.
ISBN: 978-85-66943-48-1

1. Filosofia. I. Nascimento, Sebastião. II. Título.

CDD 100
2017-764   CDU 1

Índice para catálogo sistemático
1. Filosofia 100
2. Filosofia 1

Dessalines, 1806 © John Carter Brown Library, Brown University, Providence

n-1

O livro como imagem do mundo é de toda maneira
uma ideia insípida. Na verdade não basta dizer
Viva o múltiplo, grito de resto difícil de emitir.
Nenhuma habilidade tipográfica, lexical ou mesmo
sintática será suficiente para fazê-lo ouvir. É preciso
fazer o múltiplo, não acrescentando sempre uma
dimensão superior, mas, ao contrário, da maneira
mais simples, com força de sobriedade, no nível
das dimensões de que se dispõe, sempre n-1
(é somente assim que o uno faz parte do múltiplo,
estando sempre subtraído dele). Subtrair o único
da multiplicidade a ser constituída; escrever a n-1.

Gilles Deleuze e Félix Guattari

n-1edicoes.org